Jakob Christoph Beck

Einleitung zu den Helvetischen Geschichten bis auf das Jahr

1768

Jakob Christoph Beck

Einleitung zu den Helvetischen Geschichten bis auf das Jahr 1768

ISBN/EAN: 9783743657779

Hergestellt in Europa, USA, Kanada, Australien, Japan

Cover: Foto ©ninafisch / pixelio.de

Weitere Bücher finden Sie auf **www.hansebooks.com**

Einleitung
zu den
Helvetischen Geschichten
bis auf das Jahr 1768.
fortgesetzet,
und zu
Academischem Gebrauche
abgefasset
von
Jacob Christoff Beck,
öffentlichen Lehrer der hohen Schule in Basel.

Nunmehro
aus dem Lateinischen ins Deutsche übersetzt.

Neue Auflage.

Zürich,
bey Füeßlin und Compagnie,
1768.

Vorbericht.

Niemand wird in Abrede seyn, daß unter der ungeheuern Menge der Geschichte, welche insgesamt von niemand noch in Ordnung gebracht worden, ein Lehrer vornehmlich diejenigen in ein helles Licht setzen solle, aus denen die Studirenden den meisten Nutzen ziehen können, und deren

Vorbericht.

Unwissenheit sich am wenigsten entschuldigen läßt. Derowegen finde ich unnöthig, mein Vorhaben in gegenwärtiger Einleitung weitläuftig zu rechtfertigen. Vielmehr glaubte ich meinem Amte, als öffentlicher Lehrer der Geschichte, nicht besser ein Genügen zu leisten, als wenn ich die Beleuchtung der vaterländischen Geschichte beydes in meinen öffentlichen und absonderlichen Vorlesungen mein Hauptgeschäfte seyn liesse. Nur fehlte mir hierzu ein kurzer Begriff, welcher so wohl mir selbsten, als auch der studirenden Jugend, an statt eines Leitfadens gedienet hätte. Ich habe mich aus dieser Ursache schon vor etlichen Jahren zu Verfassung eines solchen Lehrbegriffs entschlossen. Weil ich aber inzwischen alle

Vorbericht.

alle meine Stunden sonsten vertheilen mußte, konnte ich an die Herausgabe desselben eher nicht, als jetzo gedenken. Villeicht möchte man an diesem Werklein unter anderm außsetzen, daß ich nicht bey einer jeden Geschichte die Stellen der Bücher, woraus ich sie gezogen, angemerket habe. Mir schienen aber einestheils die Anzüge hierin nicht sonderlich nöthig zu seyn, da ich nur den vornehmsten Innhalt meiner Vorlesungen andeuten wollte; anderntheils folgte ich den Beyspielen verschiedener berühmten Verfasser, welche in ihren historischen Lehrbegriffen, zumahlen wenn sie kurz sind, die Anzüge weglassen. Die Kenner der helvetischen Geschichte werden schon in der ersten Einsicht wahrnehmen, daß ich nichts

Vorbericht.

angeführt habe, welches man nicht mit einem oder mehrern Zeugnissen der bewährtesten Schriftsteller bekräftigen könne, die unsern Zuhörern in der mündlichen Ausführung bekannt gemacht werden sollen. Es wurd auch verlanget, daß aus Anlaß gegenwärtiger Uebersetzung die Geschichte etwas weitläuftiger möchten ausgeführt werden. In solchem Falle wäre es keine Uebersetzung geblieben, sondern ein neues Werk worden, welches auszufertigen die Zeit diesmal nicht leidet. Diese Kürze dienet jungen Leuten genugsam, sich einige Begriffe zu machen. Für Gelehrte ist dieses Werklein nicht geschrieben, es wäre denn, daß sie die ihnen schon bekannten Dinge in wenig Stunden von neuem übersehen,

Vorbericht.

sehen, und sich hierdurch deren Angedenken erneuern wollten.

Da ich dieses Werklein, dem Zweke der academischen Vorlesungen gemäß, in lateinischer Sprache verfaßt hatte; war es kaum im Jahre 1744. aus der Presse gekommen, da verschiedene Personen dem Herrn Verleger anriethen, solches in das Deutsche übersetzen zu lassen. Er verlangte dieses also gleich von mir. Allein ich konnte mich nicht entschließen, mein eigener Uebersetzer zu seyn: Ich wüßte auch nicht, wo ich die Zeit dazu nehmen sollte. Ich bate hierauf meinen Freund, den berühmten, nunmehr seit dem 21. Meyens dieses Jahrs verstorbenen Spreng, daß er diese kleine Arbeit über sich nehmen möchte.

Vorbericht.

Mit welcher Geschicklichkeit er solches gethan, können die Leser leicht einsehen. Er hat das Kurze und Gedrungene meines lateinischen Aufsatzes so glücklich erreichet, daß ich es diesem Werklein zu einem besondern Glücke gerechnet habe, einem solchen Manne in die Hände gefallen zu seyn. Die Kenner werden leicht einsehen, daß ein jeder Abschnitt oder Paragraph dieses Werkleins dazu bestimmet sey, den Stoff zu einer Verhandlung abzugeben, welche nach den Umständen ausgeführt und in ihr nöthiges Licht gesetzt werden könnte. Indessen mußte dennoch derselbe also verfaßt seyn, daß er einen deutlichen Begriff enthielt, welcher auch ohne erstgedachte Ausführung dienlich wäre. Was dies zuerst den

Ver-

Vorbericht.

Verfasser, und hernach den Uebersetzer für Mühe gekostet, mag niemand besser beurtheilen, als wer etwas ähnliches einmal versucht hat. Eine weitläuftige Ausführung ist gewißlich in Vergleichung mit einer solchen Einschränkung etwas ganz leichtes.

Als vor mehrern Jahren verschiedene gelehrte Franzosen dieses Werklein in ihre Sprache übersetzen wollten, wurden sie durch nichts mehr abgeschreckt, als durch dessen gedrängte Kürze. Sie verlangten deswegen von mir eine mehrere Ausdehnung meiner Aufsätzen. Allein ich belehrte sie, daß solche Ausdehnung meiner Absicht nicht gemäß. Meine dermaligen Umstände lassen eher zu, wie schon verschiedene male geschehen,

Vorbericht.

hen, eine mündliche, als schriftliche Erläuterung der vaterländischen und anderer Geschichten zu geben. Also wollte ich lieber rathen, von fernern Uebersetzungen abzustehen; zumahlen der lateinische Aufsatz allen Nationen dienen kan.

In dieser, durch den gänzlichen Abgang der erstern, nothwendig gemachten neuen Ausgabe ist keine Veränderung vorgenommen worden. Ich wußte auch nicht, was ich hätte ändern sollen. Die Leser bezeugten insgemein ihre Zufriedenheit. Daher hab ich es gelassen, wie es war; folglich ist die erstere Ausgabe nicht unbrauchbar worden. Die Zugaben bestehen nur in einigen kurzen Anmerkungen, so

unter

Vorbericht.

unter dem Texte gesetzt; und einigen Abschnitten am Ende, so zu einer kleinen Fortsetzung dienen. Die gütige Vorsehung des Höchsten hat durch ihren allgewaltigen Machtschutz, und durch die kluge Regierung der Väter des Vaterlands auf eine für uns höchst beglückte Weise gehindert, daß nicht vieler Stoff zu einer Fortsetzung konnte gefunden werden. GOTT! Erhalte ferner Friede und Eintracht!

Geschrieben in Basel den 10. Brachmonats 1768.

_ Ver=

Verzeichniß der Hauptstücke.

Hauptst. I. Beschreibung des Schweizerlandes. Bl. 1

— — II. Von den helvetischen Geschichten bis zu Anfange des Bundes im Jahre 1308 Bl. 5

— — III. Von demjenigen, was sich bis auf die Sempacherschlacht im Jahre 1386. zugetragen. Bl. 21

— — IV. Fortsetzung der Geschichte bis auf das Jahr 1501. da Basel in den Bund aufgenommen worden. Bl. 30

— — V. Fortsetzung bis auf das Jahr der Reformation, 1519 Bl. 43

— — VI. Fortsetzung bis zu Ende des sechszehnden Jahrhunderts. Bl. 51

— — VII. Fortsetzung bis zu dem westphälischen Frieden im Jahre 1648. Bl. 67

— — VIII. Fortsetzung bis zu Ende des siebenzehnden Jahrhunderts. Bl. 86

— — IX. Von einigen Begebenheiten des achtzehnden Jahrhunderts. Bl. 97

— — X. Fortsetzung von 1744. bis 1768. Bl. 111

Einlei-

Einleitung zu den Helvetischen Geschichten.

Erstes Hauptstück.
Beschreibung des Schweizerlandes.

1.

Das Zeugniß der ältesten Schriftsteller, welche der Helvetier Meldung thun, läßt uns nicht zweifeln, daß solches vormahls ein Gallisches Volk gewesen. Zu des C. Jul. Cäsars Zeiten waren ihre Grenzen gegen Morgen und Mitternacht der Rheinstrom, welcher Helvetien von Germanien scheidet; gegen Abend der sehr hohe Jurten, oder Leberberg, welcher selbiges von dem Sequanerlande sönderte; gegen Mittag aber der Genfersee und Rhodanfluß, welche Helvetien von der Römischen Provinz Gallien unterschieden.

Gedach-

Gedachter Cäsar rechnet die Länge des Landes zu 240000. die Breite aber zu 180000. Schritten.

II.

Man findet, daß die Helvetier einen Theil ihres Volkes jenseit des Rheins geschicket, welcher sich zwischen dem Rhein- und Maynfluß, und dem Schwarzwalde niedergelassen. Da übrigens diejenigen, welche in ihren alten Wohnplätzen verblieben, mit denen, nur durch den Rheinstrom von ihnen abgeschiedenen Germaniern, fast täglich zu streiten hatten, und durch solche unaufhörliche Kriegsübungen den Ruhm einer besondern Tapferkeit erworben.

III.

Heut zu Tage haben die Helvetier nachfolgende Grenzen: Nämlich gegen Morgen die gefürstete Grafschaft Tyrol, den Bodensee, und das Schwabenland, welches auch gegen Mitternacht anstößt; ingleichem das Sundgau; gegen Abend die Grafschaft Burgund, gegen Mittag aber den Genfersee, Savoyen, Piemont, das Herzogthum Mayland, und das Venetianische Gebiete. Solchem nach wird die Eidsgenossenschaft von Deutschland, Frankreich und Italien umschlossen.

IV.

IV.

Unter den helvetischen Flüssen sind verschiedene so wohl grosse als kleinere, zu merken. Jene sind der Rhein- und Rhodanfluß; diese aber die Aar, Reüß, Limmat, und Thur. Unter den Seen sind merkwürdig erstlich an den Grenzen der Bregenzer- oder Bodensee, und der Lemanische oder Genfersee; und dann in dem Lande selbsten der Zürcher- und Lucernersee; welcher auch der vier Waldstädte See genennet wird; anderer geringern zu geschweigen. Unter den Gebirgen sind ausser dem Jurten vornehmlich die Alpen bekannt, welche so wohl, als jener, nach Verschiedenheit der angrenzenden Länder auch verschiedentlich benennet werden.

V.

Ehdessen war der helvetische Staat in vier Gäue abgetheilet, von welchen man nur noch das Tigurinische und Verbigenische eigentlich zu nennen weiß. Von den übrigen zweyen läßt sich nichts gewisses behaupten. Einige muthmassen, daß es das aventinische und antuatische Gau gewesen; an deren statt hingegen andere, und zwar mit mehrerer Wahrscheinlichkeit, das Tuginische und Ambronische

nische nennen. In diesen vier Gäuen sollen sich zwölf Städte und vierhundert Dörfer befunden haben. Verschiedene Gelehrte haben die Namen dieser Städte zu entdecken vermeynt, aber nichts, als sehr ungewisse Muthmassungen vorzubringen gewußt. Gläublich ist, daß Helvetien auf gleiche Art, wie die übrigen Staaten der Gallier, regiert worden sey: Wenn nämlich eine wichtige Sache vorfiel, so wurde das ganze Volk zu einem Landtage berufen, bey welchem dennoch die Grossen jederzeit vieles vermochten. Die geringern Geschäfte wurden durch eines jeden Ortes Obrigkeiten besorget.

VI.

Nunmehr bestehet der helvetische Staat aus dreyzehen Orten, welche in ihrer Ordnung folgende sind: Zürich, Bern, Lucern, Uri, Schweiz, Unterwalden, Zug, Glarus, Basel, Freyburg, Solothurn, Schaffhausen und Appenzell. Nach diesen kommen die mitverbundenen oder zugewandten Orte: Der Abt und die Stadt St Gallen, die Graubündtner, Wallis, Mühlhausen, Biel, Genf, Neuenburg, und der Bischoff von Basel. Ein jeder dieser Orte hat seine besondere Regierung. Wenn es aber um das gemeine Beste des eidgenössischen Staats

zu

zu thun ist, so wird eine Tagsatzung darüber angestellet, welche jährlich einmal, und, so oft es nöthig, auch ausserordentlich gehalten wird.

Zweytes Hauptstück.
Von den Helvetischen Geschichten bis zu Anfange des Bundes im Jahr 1308.

I.

Der erste Helvetier, dessen bey den Geschichtschreibern Meldung geschieht, ist Elico, welcher zu des römischen Königs Ancus Martius Zeiten, ungefehr 114. Jahre nach Erbauung der Stadt Rom, und 638. Jahre vor Christi Geburt, das Schmiedhandwerk zu Rom getrieben, und, da er wieder in sein Vaterland kehrte, einige Früchte aus Italien mitgenommen, wodurch er den Galliern den ersten Anlaß gegeben, solches zu überziehen. Bey diesem Heerzuge müssen sich ohne Zweifel Helvetier befunden haben. Ob sie sich aber auch zu den Galliern geschlagen, welche 365. Jahre nach Erbauung der Stadt Rom, und 387. Jahre vor Christo, Rom eingenommen und in Brand gesteckt, ist noch eine Frage, welche sich aus keinem alten Geschichtschreiber erörtern läßt.

II.

Nach diesem finden wir in den Geschichten keine Spüren von den Helvetiern bis auf den Krieg, welchen die Cimbrer und Teutonen ungefehr 642. Jahre nach Erbauung der Stadt Rom, und 110. Jahre vor Christo, mit den Römern geführet. Damals verbanden sich die Tiguriner und Tuginer mit denselben, einen gemeinsamen Zug in Italien zu thun, überwanden auch unter Anführung des Divico den römischen Bürgermeister Lucius Cassius Longinus, samt dessen Statthalter Lucius Calpurnius Piso, und liessen, nachdem sie beyde erschlagen, deren Völker unter dem Joche durchgehen. Als aber anderseits die Ambronen und Teutonen, da sie eben in Italien einbrechen wollten, von dem Cajus Marius auf das Haupt geschlagen und zerstreuet wurden, die Cimbrer auch zu gleicher Zeit eine gewaltige Niederlage erlitten, war das rathsamste für die Tiguriner und Tuginer, wieder nach Hause zu kehren. Was man übrigens von denen aus der Schlacht entronnenen Cimbrern vorgiebt, daß sie sich nämlich sollen in Helvetien gesetzt, und den Namen der Schweizer aufgebracht haben, läßt sich mit keiner Gewißheit behaupten.

III.

III.

Einige Zeit hernach, nämlich 695. Jahre nach Erbauung der Stadt Rom, und 57. Jahre vor Christo, stund Orgetorix wegen seines hohen Standes und ausnehmenden Reichthums in sonderbarem Ansehen bey den Helvetiern, und beredte seine Landesleute, mit gesamter Macht auszuziehen, mit Vorgeben, daß es ihnen, als dem tapfersten Volke, ein leichtes seyn würde, sich des ganzen Galliens zu bemeistern, wobey er hofte, zu ihrem Heerführer und obersten Befehlshaber ernennt zu werden. Das Volk entschloß sich zwar zu diesem Zuge, und wandte zwey Jahre auf die nöthigen Zurüstungen; weil es aber mittlerweile vermerkte, daß Orgetorix nach einer unumschränkten Gewalt strebte, wurd er in Bande geschlagen, in welchen er auch sein Leben verlohr. Nichts destoweniger beharreten die Helvetier auf ihrem Vorsatze, und verbrannten alle ihre Städte und Dörfer, samt ihren übrigen besondern Gebäuden. Sie bewogen auch die benachbarten Rauracher, Tulinger, Latobriger, und die in das Norikerland übergegangenen Bojer, ein gleiches mit ihnen zu unternehmen. Ihr Vorhaben war, durch die Gallische Provinz durchzubrechen; daher sie sich auf einen bestimmten Tag an dem Rhodanflusse versammelten.

IV.

Die Regierung der gallischen Landschaften war damals dem Cajus Julius Cäsar für fünf Jahre aufgetragen, und nachgehends auf andere fünf Jahre verlängert. Da nun dieser die Bewegungen der Helvetier vernommen, zog er auf das eiligste in das jenseitige Gallien, daß er eben zu rechter Zeit bey Genf anlangte. So gleich wurde die Rhodanbrücke abgeworfen, das Gestade mit Kriegsvölkern besetzt, und der begehrte Durchzug abgeschlagen. Er führte auch einen Wall von dem Genfersee bis an das Jurtengebirge, wodurch die Helvetier von einem gewaltsamen Einbruche abgehalten wurden. Demnach mußten solche einen andern Weg suchen. Allein, da sie bereits in dem Sequanerlande bis an die Saone eingedrungen waren, erreichte sie Cäsar, und erlegte die ganze Macht der Tiguriner, als ihre Bundesgenossen aus den übrigen drey Gauen schon über den Fluß gesetzt hatten. Aber auch diese überwand er in einer grossen Schlacht, und nöthigte gegen 110000. Menschen, die das Schwert verschohnet hatte, den Rückweg in ihr Vaterland zu nehmen.

V.

V.

Hiermit wurd Helvetien so wohl, als das übrige Gallien, welches Cäsar unter sein Joch gebracht hatte, zu einer römischen Provinz gemacht, und zugleich, wie es scheinet, ein Vertrag geschlossen, vermöge dessen kein Helvetier jemahls zu einem römischen Bürger sollte aufgenommen werden. Sonsten ist ganz gläublich, daß sich Helvetien unter den römischen Statthaltern in gleichem Zustande mit andern Provinzen müsse befunden haben. Die Römer erbaueten auch in diesen Gegenden längst dem Rheine, eben wie an den übrigen Grenzen ihres Reichs, verschiedene Festungen wider die Einfälle der Germanier. Nicht minder legten sie einige Pflanzstädte in Helvetien an, worunter Julia Equestris, Augusta bey den Raurachern und Aventicum waren. (*)

VI.

(*) Des Vertrags oder Bunds der Römer mit den Helvetiern thut niemand Meldung, als Cicero, in der Rede für den Balbus Cap. 14. welche Stelle deswegen wohl zu merken ist. In der lateinischen Urkunde hatte man nach Simler und andern geschrieben, daß Helvetien von dem Kayser Augustus zu der sogenannten Provincia Maxima Sequanorum sey geschlagen worden. Da aber solches unrichtig erfunden wurd, hat man es in der Uebersetzung geändert. Der hochberühmte

VI.

Zu diesen Zeiten mußte Helvetien nicht wenig in dem rhätischen Kriege leiden. Derowegen wurden Drusus und Tiberius, wie auch Lucius Munatius Plancus von dem Kayser Augustus dahin geschickt, welche nicht nur die Rhätier züchtigten, sondern auch Noricum und Vindelicien bezwangen. In noch grössere Noth geriethen die Helvetier durch den Streit, welcher nach dem Tode des Kaysers Nero über der Reichsfolge entstund. Denn, weil sie dem Galba, von dessen Ermordung sie noch nichts erfahren hatten, auch nach dessen Tode anhiengen, und dem Vitellius nicht schweren wollten, überwand sie der vitellianische Feldherr, Aulus Cäcina, in einer gewaltigen Schlacht, und ertödtete eine grosse Menge derselbigen, welche auf dem vocetischen Gebirge zerstreut war. Nach diesem gieng er auf ihre Hauptstadt Aventicum los, und, nachdem er solche zur Uebergabe genöthigt, wurd

Julius

rühmte. Herr Prof. Schöpflein von Straßburg hat in seinem vortreflich erläuterten Elsaß erwiesen, daß Helvetien von dem Kayser Augustus zum Lugdunensischen Gallien, und erst im vierten Jahrhundert von Constantin dem Grossen, theils zur grössern Sequanischen, theils zur ersten rhätischen Provinz gerechnet worden sey.

II. Hauptst.   Geschichte.

Julius Alpinus, einer der Vornehmsten, als der Urheber des Krieges, an dem Leben gestrafet. Den übrigen ließ Vitellius auf des Claudius Cossus bewegliche Fürbitte Gnade wiederfahren.

VII.

Es scheinet, daß die Christliche Religion bey den Helvetiern gegen dem Ende des zwenten Jahrhunderts eingeführt worden: Worauf nach und nach die Stiftungen verschiedener Bistümer erfolget; deren bekanntlich sechs gewesen, nämlich zu Vindonissa, Aventicum, Cur, Genf, Agaunum, und bey den Raurachern, welches letztere man nachher das Basler-Bistum genennet. Darzu kamen in den folgenden Zeiten unterschiedliche Klöster und Chorherrenstifte, welche hier zu erzählen allzu weitläuftig wäre. Beym Ausgange des dritten Jahrhunderts soll die thebanische Legion bey Agaunum wegen des Christlichen Glaubens hingerichtet worden seyn. (*)

VIII.

(*) Die thebanische Legion wird besser die Thebäische genennt; nicht von Thebä in Griechenlande, deren Einwohner Thebaner heissen, sondern von Thebä in Egypten, daher die Thebäer.

VIII.

Nicht lange hernach, und sonderlich in dem vierten Jahrhundert, fiengen die Alemanier an, in diesen Gegenden mächtig zu werden, und so wohl in Rhätien und Helvetien, als auch in dem Rauracher- und Sequanerlande um sich zu greifen. Constantius Chlorus versetzte ihnen zwar bey Vindonissa wichtige Stösse, und jagte sie über den Rhein zurücke. Desgleichen wurden sie von dem Kayser Julianus nach verschiedenen Scharmützeln in einer Hauptschlacht bey Straßburg erleget. Allein in dem fünften Jahrhundert, da Honorius Kayser war, und die Gothen Italien überschwemmten, giengen einerseits die Alemanier, anderseits aber die Burgunder, unter Anführung ihres Königs Gundackers, in Gallien hinüber, denen dann Valentinianus seine Waffen und Festungen, und unter solchen die bey Basel erbauete Burg, vergeblich entgegensetzte. Die Alemanier bemeisterten sich derjenigen helvetischen Länder, welche zwischen dem Rheine und der Reuß liegen. Weil sie sich aber mit diesen Eroberungen nicht vergnügten, und den Franken keine Ruhe liessen, wurden sie von Chlodovaus in einer Schlacht bey Zülpich gedemüthiget; bey welchem Anlaß das ganze Alema-

Alemanien, mithin auch gemeldter Theil Helvetiens, unter fränkische Botmäßigkeit gediehen.

IX.

Die Burgunder bemächtigten sich desjenigen Theils von Helvetien, welcher von der Reuß und dem Rhodan, und von dem Jurtengebirge eingeschlossen wird. Denn nach ihrem Auszuge aus Germanien hatten sie sich in der Sequaner, Hebuer, und Helvetier Lande gesetzt, und solchem den Namen Burgund gegeben; und wurd sonderlich derjenige Bezirk Helvetiens, der jenseit dem Jurten gelegen, und in welchen sie eingesessen, Kleinburgund genennet. In dem Anfange des sechsten Jahrhunderts wurden auch diese, und folglich das ganze Helvetien, von den Franken bezwungen. Mittlerweile verwüsteten diese Gegenden der Hunnen König Attila, welcher den burgundischen König Sigmund bey Basel umbrachte, endlich aber in dem catalaunischen Gefilde von dem Aetius mit Hülfe der Franken, Burgunder und Gothen geschlagen wurd. (*)

X.

(*) Es wird von einigen Gelehrten in Zweifel gezogen, ob die Alemanier jemahl einen Theil Helvetiens besessen. Doch kan nicht geläugnet werden, daß sie die Gegend des obern Rheins, daran ein Theil Helvetiens stoßt, im Besitz gehabt.

X.

Die Helvetier wurden von den Franken durch Herzogen und Grafen regieret, und, sonderlich in dem alemannischen Theile, hart gedrücket. Ferner hatten sie bey den innerlichen Uneinigkeiten der fränkischen Könige von dem merovingischen Stamme vieles auszustehen; bis endlich im Jahre 563. Lotharius, des Chlodoväus Sohn, nach Abgange seiner Brüder, und ihrer Söhne, alles an sich zog. Nach ihm bekam Childebert erstlich Austrasien, und dann in kurzem auch Burgund, folglich das ganze Helvetien in seine Gewalt, bald aber wurd solches von dessen Söhnen nochmahls zertheilet, da nämlich Theodobert Austrasien, Dietrich aber Burgund erhielt, in welcher Regierung sie sich mit keiner brüderlichen Eintracht zu vertragen wußten. Hierauf genossen die Helvetier wiederum einige Ruhe, als im Jahr 616. Lotharius II., und auf ihn sein Sohn Dagobert, das ganze Land ungetrennt beherrschete.

XI.

In dem achten Jahrhundert folgten bey den Franken den merovingischen Königen die Carolingischen, unter welchen Pipinus der erste,

erste, und Herr über ganz Helvetien war. Von Carl dem Grossen, wie auch von Ludwig dem Frommen, und Ludwig dem Deutschen, wird gemeldet, daß sie in dem neunten Jahrhundert die Stadt Zürich in Aufnahme gebracht. Indessen wuchs auch das Ansehen der übrigen helvetischen Städte, unter denen insonderheit Basel wegen seines uralten Bistums vorhin schon berühmt war. Um das Jahr 830. wurden die Urner, Schweizer, und Unterwaldner, samt denen von Hasle, wider die Saracenen in Italien zu Hülfe gerufen, und wegen ihrer ganz besondern Tapferkeit mit vielen Freyheiten begnadiget. Uebrigens theileten sich die Söhne Ludwigs des Frommen, dergestalt in Helvetien ein, daß Kayser Lotharius den burgundischen, Ludwig der Deutsche aber den alemannischen Bezirk erhielt.

XII.

Gegen dem Ende des neunten Jahrhunderts, und zwar im Jahr 888., wollte sich Rudolf, Herzog von Kleinburgund, mit der angebohrnen Würde nicht weiter begnügen, sondern nahm anstatt des herzoglichen Titels den königlichen an. Kayser Arnolf fiel ihm zwar mit grosser Heersmacht in das Land, in der Meynung, ihn wieder zum Gehorsam zu bringen.

Dieser

Dieser aber zog sich in die Gebirge zurücke, und enthielt sich darinnen so lange, bis die Einfälle der Hunnen in Deutschland, und der Nordmänner in Gallien, dem Kayser anderswo mehr als genug zu schaffen gaben. Rudolf I. starb im Jahr 911. und hinterließ das Reich seinem Sohne gleiches Namens.

XIII.

Rudolf II. vermeynte sein Reich zu erweltern, hätte aber solches beynahe samt dem Leben eingebüßt. Denn, da er über die Reuß gesetzet, stieß ihm Burkard, Herzog von Alemannien, auf, welcher den darzu gehörigen Theil Helvetiens beherrschete, und lieferte ihm eine Schlacht, welche sehr unglücklich für solchen ausfiel. Doch bald darauf kam es zwischen beyden zu einem Frieden, zu dessen Befestigung Rudolf sich mit Burkards Tochter Berta vermählte. Kayser Heinrich I. wollte zwar nichts davon hören, und drohete mit einem neuen Kriege, wurd aber durch Ueberschickung der Lanze Constantins des Grossen, besänftiget, daß also Rudolf in dem ruhigen Besitze des burgundischen Königreichs verblieb. Er that hierauf zween Feldzüge in Italien, welches Königreich er so leicht wieder verlohr, als

er

er es erlangt hatte. Sein Sohn Conrad folgte ihm in dem burgundischen Reiche.

XIV.

Zu dieser Zeit wurd Helvetien, und sonderlich der alemannische Theil desselben, von den Hunnen verheeret. Ihr gröster Grimm ergieng über die Städte St. Gallen, Costnitz und Basel. Es hetzte aber der burgundische König Conrad, die in den Gebirgen seines Landes seit langem sich aufhaltenden Saracenen, wider solche Barbaren, durch welche List es dahin gerieth, daß sich diese beyden Völker einander zugleich aufrieben. Inzwischen gelangte Burgund allmählich wieder an das deutsche Reich. Rudolf III. Conrads Sohn und Nachfolger, setzte, in Ermanglung leiblicher Kinder, im Jahr 1032. Kayser Conrads II. Sohn Heinrich zum Erben, welcher auch den Grafen von Champagne Eudo oder Otto, der nach dem burgundischen Reiche lüstern war, dämpfte, wobey aber die Helvetier sehr ins Gedränge kamen. Ferners empfieng Heinrich das Herzogthum Alemannien von seinem Vater, und ward nachgehends Kayser. (*)

XV.

(*) Wie die Saracenen in die Schweitzergebirge gekommen seyen, möchte manchem schwer zu begrei-

XV.

Gleichwohl wurd endlich Reginalden, Ottons Sohne, nach vielen zu Eroberung Burgunds angewandten Mühen, diese Grafschaft samt allem, was zwischen dem Jurten und der Aar lieget, überlassen. Nach diesem giengen viel so wohl Edle als Unedle aus den Helvetiern bey Anlasse der bekannten Kreuzzüge in das Morgenland. Stefanus der Vierte, Graf von Burgund, starb in Cypern, und hinterließ einen Sohn Wilhelm, welcher im Jahre 1126. eines gewaltsamen Todes starb. Den übrigen Landstrich bis an die Reuß besassen die Grafen von Baden, Lenzburg und Windisch, welche letztere sich bald hernach von Habspurg schrieben. Auf der andern Seite, näher gegen dem Rheinstrome, lagen die Herrschaften der Grafen von Ryburg, Toggenburg, Rappertsweil, und andere mehr, die in dem Herzogthum Alemannien begriffen waren, und, als Kayser

Hein-

begreifen seyn. Man muß aber bemerken, daß solche aus Africa, wie in Spanien, also auch in Frankreich verschiedene Einfälle gethan. Sie wurden zwar aus Frankreich zurück geschlagen, verschiedene aber derselben möchten sich ganz leicht in die Gebirge verkrochen, und darin eine Zeitlang aufgehalten haben.

Heinrich IV. von dem Papste Gregorius VII. wie auch von andern Widersachern angefochten wurd, viel Unzemach ausstehen mußten.

XVI.

Um diese Zeit wurd Berchtold II. Herzog von Zåringen von gedachtem Kayser Heinrich IV. mit der Reichsvogtey zu Zürich, wie auch mit dem östlichen Theile Helvetiens und mit dem Herzogthum Alemannien belehnet. Und dieses war die Grundlage der Zåringischen Macht in Helvetien. Hierzu kam, daß nicht lange hernach Conrad zum Regenten von Kleinburgund erkläret wurd, und also ganz Helvetien unter seine Herrschaft gerieth, in welcher ihm sein Sohn Berchtold IV. folgte. Von diesem wurd im Jahr 1179. Freyburg, desgleichen von dessen Sohn und Nachfolger Berchtold V. im Jahr 1191. Bern erbauet. Letztere Stadt sollte zwar nach dem Willen ihres Stifters lediglich dem deutschen Reich eigen seyn, mußte sich aber nach der Hand wegen des aufsätzigen benachbarten Adels in den Schutz des Grafen von Savoyen ergeben, welcher sie gleichwohl zur Dankbarkeit für geleistete tapfere Kriegsdienste im Jahr 1234. wiederum ihrer Pflicht erließ. Freyburg hingegen kam, wie andere benachbarte Landschaften, unter die Grafen von Kyburg, in deren Güter sich hernach die Habspurger getheilet haben.

XVII.

Als das deutsche Reich nach dem Tode Kayser Friederichs II., welcher die helvetischen Städte und Länder mit vielen Freyheiten beschenkt hatte, vom Jahre 1250. bis 1273. ohne Haupt stund, war Helvetien so wohl, als die übrigen Reichsländer grosser Zerrüttung unterworfen. Hierwider suchten sich einige Städte vermittelst ihrer Bündnisse zu schützen. Die Zürcher nahmen Rudolf, Grafen von Habspurg, zu ihrem Kriegsobersten an, welcher sie auch wider den Grafen von Regensberg tapfer verfocht. Zwar ließ sich alles zum allgemeinen Reichsfrieden an, nachdem gedachter Rudolf I., da er eben Basel belagerte, zum römischen König war erwählt worden. Aber auch damahls war Helvetien nicht ausser aller Gefahr, sonderlich, da sich die Berner und Zürcher, samt ihren Bundsgenossen, der österreichischen Uebermacht kümmerlich erwehren konnten.

Drittes Hauptstück.
Von demjenigen, was sich bis auf die Sempacherschlacht im Jahr 1386. zugetragen.

I.

Als Albrecht I. nach langem Streite mit König Adolf das deutsche Kayserthum behauptet, wurden die Helvetier auf so mancherley Weise geplaget, daß ihre Freyheit bereits in den letzten Zügen lag. Daher entstund der eidsgenößische Bund. Albrecht gab selbsten Ursache, für die alte Freyheit zu eifern, als er die drey sogenannten Waldstädte durch die Reichsvögte gar zu hart drängte. Uri, Schweiz und Unterwalden hatten schon lange der Freyheit genossen, und, zu Beschützung derselben, sich mehrmals unter einander verbunden, wovon sich der Nutzen unter anderm in dem Streite zwischen Schweiz und den Aebten von Einsideln geäussert. Sie waren von Kayser Friedrich II. in des Reichs Schutz genommen, und bisher durch Reichsvögte regiert worden. Diesen befahl Albrecht, das Volk, wie es auch immer seyn möchte, seiner Freyheit zu berauben, und unmittelbar unter das österreichische Joch zu bringen. Zu diesem Ende ließ man es an keiner Art von Ungerechtigkeiten erwinden, nahm den Landleuten das Ihrige gewaltsamlich hinweg, und beschwerte solche mit allerhand neuen Auflagen. Ueber dieses suchten die Amtsvögte ihre schändlichen Lüste an ehrbaren Weibern zu büssen. Anderer Tyranney zu geschweigen.

II.

Den Anfang des Bundes machten drey Männer, Namens Arnold von Melchthal aus Unterwalden, Walther Fürst von Uri, und Werner Staufacher aus Schweiz, welche den Schluß faßten, das Joch einmal abzuwerfen. In dieser Absicht nahmen sie heimlich Bundsgenossen an, und bestimmten den ersten Tag des Jahres 1308. zu ihrer Unternehmung. Die Gemüther wurden durch den Unfug, welcher Willhelm Tellen, einem Urner, widerfuhr, noch mehr erbittert. Dieser erleichterte die Ausführung ihres Vorhabens nicht wenig, als er den einten Vogt, Namens Grisler, erschoß. Die Mitverbundenen bemeisterten sich auf den bestimmten Tag der Schlösser mit List, zerstörten solche, jagten die Tyrannen fort, beschwuren auf das feyerlichste einen zehenjährigen Bund, und legten also den Grund zu dem eidsgenössischen Freystaate.

III.

III.

Albrecht ergrimmte heftig über ein so kühnes Unterfangen von Bauern, und beschloß, sich mit Kriegsmacht an ihnen zu rächen. Da er aber allbereit die Grenzen Helvetiens betreten, wurd er, nicht weit vom Einflusse der Reuß in die Aar, von seines Bruders Sohne Johann, welchem er sein väterliches Erbherzogthum Schwaben ungerechter Weise vorenthalten, mit Hülfe einiger vom Adel umgebracht. Also gewannen die Eidsgenossen Zeit, sich zu verstärken, ihre Grenzen zu verwahren, und sich wider alle Anfälle in gute Verfassung zu setzen. Albrechts Söhne, deren Sinnen und Bemühungen nur darauf gerichtet waren, wie sie ihres Vaters Tod rächen möchten, konnten auf keine Anschläge wider sie gedenken. Vielmehr waren sie gewaltig über den helvetischen Adel her, und vertilgeten eine grosse Menge desselbigen, welche sich des Kaysermords entweder theilhaftig, oder wenigstens verdächtig gemacht hatte. Das Haus Oesterreich versäumte diese Gelegenheit nicht, verschiedene Herrschaften der Hingerichteten an sich zu ziehen. (*)

IV.

(*) Die Ermordung Kayser Alberts I. geschah im Jahr 1308. und gab Anlaß zu Vertilgung vieles schweizerischen Adels.

IV.

Der nächstfolgende Kayser Heinrich VII. von Lützelburg, bekräftigte die Rechte und Freyheiten, wie auch den neulich beschwornen Bund der gedachten drey Länder, und gab ihnen, wie ehemals geschehen, wiederum einen Reichsvogt. Demnach unterliessen die Herzoge von Oesterreich nicht, durch ihre Anhänger die Eidsgenossen zu beunruhigen. Als nach Kayser Heinrichs Tode zween Thronfolger zugleich erwählet wurden, entstunden gefährliche Spaltungen in dem römischen Reiche, von welchen auch Helvetien nicht frey bleiben konnte. Die Eidsgenossen hiengen sich, aus Hasse wider das österreichische Haus, an Ludwig von Bayern, andere hingegen an Friederich von Oesterreich; wiederum andere, und zwar die wenigsten, erkannten keinen von beyden für ihren rechtmäßigen Kayser. Hierdurch entbrannte der alte Zorn Friederichs wider die Eidsgenossen noch heftiger, derowegen er sie, als die von Schweiz, aus Anlasse ihres vorgemeldeten Streites mit dem Abte von Einsideln, im Jahr 1313. dessen Kloster überfallen hatten, in die Acht erklärte, und auch von dem Bischoffe von Costanz den Bann wider sie auswirkte. Ludwig VII. aber machte, auf

Begeh-

Begehren der drey Länder beydes unkräftig, und bestätigte ihnen die Freyheit.

V.

Allein Leopold von Oesterreich griff die Sache im Jahr 1315. mit grösserer Gewalt an, und fiel mit einer grossen, in zwey Heere getheilten Macht, in die drey Länder. Er selbsten gieng auf die von Schweiz los, den Unterwaldnern aber schickte er den Grafen von Straßberg über den Hals. Die Eidsgenossen, welche vergeblich den Streit in der Güte beyzulegen getrachtet, schickten sich zur Gegenwehre, besetzten ihre Päsfe, und stellten dem Feinde 1300. Mann entgegen. Also kam es bey Morgarten zu einem Treffen, da die Oesterreicher so jämmerlich einbüßten, daß bald nicht ein Mann darvon kam. Dem Grafen von Straßberg wäre ein gleiches wiederfahren, wenn er sich nicht beyzeiten, obschon mit vielem Verluste, mit der Flucht gerettet hätte.

VI.

Da nun die Eidsgenossen aller Orten obgesieget, erneuerten sie noch in gedachtem Jahre ihren Bund, welchen sie forthin auf ewig bestätigten. In solchem versprachen sie einander

der allen nöthigen Schutz, und machten eine Verordnung, wie es bey entstehenden Streitigkeiten unter ihnen sollte gehalten werden. Den ganzen Verlauf ließen sie an den Kayser gelangen, welcher nicht nur seine Einwilligung darzu ertheilte, sondern auch ihre Freyheiten und den Bund selbsten nochmals feyerlich bekräftigte. Jedoch setzte er den Grafen von Arberg zu einem Reichsvogte über sie, aber mit so umschränkter Gewalt, daß solcher ihren Freyheiten nicht zu nahe treten dorfte. Inzwischen beschützten sie ihre Grenzen, und trieben die Nachbaren, welche immerfort Streit an sie suchten, glücklich zurücke.

VII.

Im Jahr 1318. wurd zwischen den Oesterreichern und Eidsgenossen ein Waffenstillstand beliebt; dessen ungeachtet gaben die Feinde nicht lange Frieden: Weil der Krieg zwischen Friderich von Oesterreich und Ludwig von Bayern bis in das Jahr 1325. fortwährete, und die Eidgenossen dem letztern, obschon er im päbstlichen Banne war, nichts destoweniger getreu verblieben. Zu mehrerer Sicherheit schlossen sie im Jahr 1327. einen Schutzbund mit Basel, Zürich, Bern, und verschiedenen andern Städten,

Städten, aber nur auf Ziel und Jahrzahl. Von welchen Bündnissen wir in diesem engen historischen Begriffe keine weitere Umstände melden können.

VIII.

Inzwischen bewarb sich die Stadt Lucern, welche unter der unerträglichen Regierung der österreichischen Amtleute schon mancherley Drangsalen erlitten hatte, um die Freundschaft der Eidsgenossen, und trat im Jahr 1332. vollends in den ewigen Bund derselben, durch welches Mittel sie so wohl, als durch ihrer eigenen Bürger Tapferkeit, alle Gewalt und Hinterlist ihrer Feinde zu Schanden machte. Das gleiche Mittel ergriff auch im Jahr 1351. die Stadt Zürich, welche sich wider den übermächtigen und ihrer Freyheit immer aufsätzigen Adel nicht anderst mehr zu schützen wußte. Herzog Albrecht von Oesterreich gerieth darüber in Harnisch, und belagerte sie; fand aber beydes von Seiten der Bürger und der eidsgenößischen Zuzüger so tapfern Widerstand, daß er sich zu einer Friedenshandlung bequemte. Gleichwohl forderte er darbey so harte Dinge, daß sich die Eidsgenossen schwerlich darzu bereden liessen. Da er sich aber auch darmit nicht vergnügte, und die Saiten gar

gar zu hoch spannen wollte, wurd ihm alles miteinander abgeschlagen, und die Fortsetzung des Krieges einem schändlichen Frieden vorgezogen.

IX.

Als die Eidsgenossen in eben diesem Jahre zu Verwahrung ihrer Grenzen, sich des Glarnerlandes versicherten, stellten sie es in der Einwohner Freyheit, ihrem Bunde beyzutreten, und fanden solche um so viel williger hierzu, weil sie einige Zeit her in einer strengen Dienstbarkeit schmachteten, und sich nach der unlängst verlohrnen Freyheit sehnten. Im Jahr 1352. folgten ihnen die Zuger, da die Eidsgenossen, welche Meister im Lande waren, und die österreichischen Besatzungen daraus vertrieben hatten, die Bürger zu einem Bunde mit ihnen, und zur Freyheit gleichsam nöthigen mußten. Als aber Herzog Albrecht der Stadt Zürich mit einer zweyten und dritten Belagerung zusetzte, hätte er es bey nahem dahin gebracht, daß Zug und Glarus des Bundes wären entlassen worden. Allein die Eidsgenossen eroberten Zug zum zweyten mal, und machten die feindlichen Gegenbemühungen zu nichte.

X.

X.

Uebrigens verstärkte sich im Jahr 1352. der schweizerische Bund merklich durch den Beytritt der mächtigen Stadt Bern, welche die Zahl der VIII. alten Orten ausmachte. Dieselbe hatte in den Kriegen, darinnen sie ihre Freyheit behauptet, bereits die herrlichsten Proben der eidsgenößischen Tren und Tapferkeit empfangen, dergleichen sie auch den Eidsgenossen in mancherley darauf erfolgten Gefahren hinwiederum gegeben. Im Jahr 1362. machte Kayser Carl IV. einen Bund mit den Zürichern, und bestätigte zugleich denienigen, welchen die Schweizer unter sich aufgerichtet hatten. Um das Jahr 1366. rückten engelländische Kriegsvölker, und zwar, wie viele glaubten, auf Anstiften Herzog Leopolds von Oesterreich, in Helvetien ein, wurden aber, nachdem sie hin und wieder viel Unheil angerichtet, durch verschiedene Niederlagen zu weichen genöthiget; wobey die Eidsgenossen, fürnemlich die Stadt Basel, welche zehn Jahre vorher durch ein grosses Erdbeben zerfallen war, mit ihren Völkern besetzten. Eben so unglücklich waren die Engelländer im Jahr 1375. als sie Helvetien das zweyte mal heimsuchen wollten. -

Viertes Hauptstück.
Fortsetzung der Geschichte bis auf das Jahr 1501. da Basel in den Bund aufgenommen worden.

I.

Zehn Jahre darauf überzog Leopold von Oesterreich die Eidsgenossen mit einem neuen Kriege; in der Hoffnung, weil er kurz vorher das Bündniß einiger deutschen Städte, welchem auch die Schweizer beygethan gewesen, zerstört hatte, eben so glücklich wider die Eidsgenossen zu seyn; worinnen sich aber der unselige Herzog schändlich betrog; indem sie im Jahr 1386. bey Sempach einen wichtigen Sieg über ihn erhielten, und ihn samt seinem meisten Volke erlegten, zugleich auch verschiedene feindliche Landschaften eroberten, und dardurch ihre Grenzen nicht wenig erweiterten. Im Jahr 1388. siegten sie nochmals bey Näfels in dem Glarnerlande. Endlich wurd ein Stillstand auf zwanzig, und im Jahr 1412. auf fünfzig andere Jahre geschlossen; so daß sich die Oesterreicher samt ihren Helfern nicht weiters regten; da inzwischen bey den Eidsgenossen andere Dinge von nicht sehr grosser Wichtigkeit vorgiengen.

II.

II.

Die merkwürdigste unter solchen Begebenheiten war der Streit einiger Orte mit denen von Schweiz, welcher im Jahr 1403. aus Anlasse der Zuger entstund; in welchem Jahre die alte Freundschaft zwischen Bern und Freyburg wieder hergestellt wurd. Dergleichen geschah im Jahr 1406. zwischen Bern und dem Grafen, wie auch der Bürgerschaft von Neuenburg. Im Jahr 1409. gerieth die Bürgerschaft von Basel, weil sie kurz vorher die jenseit des Rheins gelegene Stadt von ihrem Bischoffe an sich erkauft hatte, in einen Krieg mit der Herrschaft von Oesterreich; erlangte aber Hülfe von Bern und Freyburg, und brachte es dahin, daß der Streit in kurzem beygelegt wurd. Die nachfolgenden Jahre sind wegen der ersten, nicht allerdings glücklichen, schweizerischen Feldzüge in das Meyländische zu merken. (*)

III.

Inzwischen waren die Eidsgenossen so mächtig worden, daß sie dem Andringen Kayser Siegmunds und der Kirchenversammlung zu Costnitz, das Haus Oesterreich auf das neue zu

(*) Im Jahr 1406. ward das bernerische Bürgerrecht mit der Stadt, und im folgenden Jahre mit dem Grafen von Neuenburg errichtet.

zu bekriegen, desto eher ein Genügen leisten konnten, nachdem diese Versammlung gedachten fünfzigjährigen Stillstand durch einen feyerlichen Schluß zernichtigt hatte. Sie ergriffen also die Gelegenheit, das übrige, so Herzog Friederich in dem Argau besaß, samt der Grafschaft Baden, und anderm mehr, in ihre Gewalt zu bringen. Bald aber entbrannte ein innerlicher Krieg unter den Eidsgenossen selbsten, da nämlich die Züricher und die von Schweiz wegen der toggenburgischen Verlassenschaft und Grafschaft Sargans einander so hitzig verfolgten, daß nicht nur, aller angewandten Bemühungen ungeachtet, kein Friede zu vermitteln war, sondern auch die übrigen Orte sich zu denen von Schweiz schlagen mußten.

IV.

Der Krieg wurd von beyden Seiten mit abwechselndem Glücke geführet, und endlich die Stadt Zürich von den Eidsgenossen belagert. Um aber selbige zu entschütten, vielleicht auch die seit dem Jahre 1431. in Basel versammelten Kirchenväter zu zerstreuen, oder vielmehr die Schweizer, wo nicht für sich selbsten, wenigstens dem Kayser Friederich III. zu Gefallen, mit Kriege zu überziehen, brachte Ludwig,

der

der Delfin aus Frankreich, im Jahr 1444. ein grosses Kriegsvolk herauf. Weil dann die Basler der Gefahr vor andern bloß gestellet waren, schickten die Eidsgenossen aus dem Lager vor Farnsperg, welches sie damahls bestürmten, denselben 1600. Mann zu Hülfe, welche aber bey St. Jacob schon auf den Feind stiessen, und vom Siegen ermüdet zwar auf dem Platze blieben, dem Delfin aber ein solches Schrecken einjagten, daß er mit seinen Leuten je eher je lieber das Land räumte. Sechs Jahre hernach wurd der Züricherkrieg, in welchem beyderseits viel Blut war vergossen worden, in einen steten Frieden verwandelt. (*)

V.

In den Jahren 1447. und 1448. erhub sich aus mancherley Ursachen noch ein anderer Krieg zwischen Bern und Freyburg, welcher endlich durch einen Vergleich, vermöge dessen die Freyburger den Bernern und dem von ihnen beleidigten Herzoge von Savoyen einen Abtrag thun mußten, gestillet wurd. Freyburg hielt

(*) Farnsperg, ein Schloß im Baselgebiet, war damahls der Sitz gewisser Grafen dieses Namens, denen auch die nächstgelegene Landschaft zugehörte. Diese hatten die Eidsgenossen beleidigt. Solches war die Ursache der Belagerung.

es nach der Hand beständiglich mit Bern, mochte sich aber dardurch die Fürsten von Oesterreich zu Feinden, deren Amtleute die Stadt listiger Weise ihrer besten Schätze beraubten, daß sie sich im Jahr 1450. dem Schutze des Herzogs von Savoyen übergab.

VI.

Bey allem dem vermehrte sich die Macht und das Ansehen des helvetischen Staates vermittelst neuer Bündnisse. Der Abt von St. Gallen verband sich im Jahr 1451. mit etlichen, die Appenzeller aber in dem folgenden Jahre mit allen Orten, ausser Bern. Dem Exempel des Abtes folgte nicht lange hernach die Stadt St. Gallen. Ferners war der König in Frankreich, Carl VII. seit der Schlacht mit dem Delfin von der Eidsgenossen Tapferkeit dergestalt überzeuget worden, daß er sich um die Freundschaft dieses redlichen und heldenmüthigen Volks so lange bewarb, bis im Jahr 1453. mit ihnen und der Stadt Solothurn der erste französische Bund zu Stande kam, welchen zehn Jahre darauf Ludwig XI. erneuerte.

VII.

Zu gleicher Zeit verhüteten die Schaffhauser vermittelst eines Bündnisses mit etlichen eidsgenössischen

nößischen Orten, daß sie nicht unter österreichische Botmäßigkeit geriethen. Im Jahr 1458. kam Rapperschweil, welches bisher nicht wohl aus österreichischen Händen konnte entrissen werden, bey entstandener bürgerlicher Zweytracht, durch Kriegslist in die Gewalt derer von Uri, Schweiz, Unterwalden und Glarus. Ferners wurd im Jahr 1460. das Thurgau von den Kriegsvölkern der VII. alten Orte erobert, und also dem österreichischen Hause fast nichts mehr in Helvetien übrig gelassen.

VIII.

Unter die Merkwürdigkeiten dieser Zeit gehöret auch, daß im Jahr 1459. die hohe Schule zu Basel auf Begehren des Rathes daselbst von Papst Pius II. gestiftet, und in folgendem Jahre feyerlich eingeweihet worden. Im Jahr 1466. schloß Galeatius, Herzog zu Meiland, und dessen Gemahlin Blanca Maria das meiländische Capitulat mit den Eidsgenossen, welches man nachher mehrmals erneuerte und bestetigte. Zwey Jahre darauf entstund ein neuer Krieg mit dem Hause von Oesterreich wegen des vielen Drangs und Schadens, welchen die Schaffhauser und Mühlhauser von selbigem erlitten hatten.

Nachdem viele schöne Schlösser darüber zerstöret worden, schloß man endlich bey Waldshut einen Frieden, und mußte Herzog Sigmund den Eidsgenossen das Thurgau auf ewig abtreten.

IX.

Dieß alles aber war ein geringes gegen dem schweren und blutigen burgundischen Kriege, welcher darauf erfolgte. Solcher nahm seinen Anfang im Jahr 1474. und wurd zu der Eidsgenossen größtem Ruhme in drey Jahren vollendet. Carl der Kühne, sonsten auch der Streitbare genannt, welcher dazumal die sehr weitläuftigen burgundischen Landschaften besaß, und von gedachtem Herzoge Sigmund im Jahr 1469. die Grafschaft Pfirt und andere an die Schweiz stossende Länder pfandsweise angenommen hatte, konnte nicht lange gute Nachbarschaft halten, sondern focht die Eidsgenossen auf so vielerley Weise an, daß sie ihm auf Anhetzen Kayser Friederichs III. und Ludwigs XI. Königs in Frankreich, welcher im Jahr 1470. mit ihnen einen engern Bund wider den Herzog geschlossen hatte, eine Kriegserklärung zuschickten, welche er aus blinder Ruhm- und Herrschbegierde zu seinem Verderben annahm; indem er drey gewaltige Schlachten verlohr, und

erstlich

IV. Hauptst. Geschichte. 37

erstlich bey Granson seinen Reichthum, demnach bey Murten sein Volk, und endlich bey Nancy den 5. Jenner 1477. sein Leben einbüßte.

X.

Durch so grosse Thaten setzten sich die Eidsgenossen in ungemeine Hochachtung, und vermehrten solche durch den Sieg, welchen die Urner wider die Meilånder, mit denen sie der Grenzen halber streitig waren, im Jahr 1478. erfochten. Von allen Orten her wurd um ihre Freundschaft und Bündnisse geworben. Sigmund von Oesterreich hatte schon in dem ersten Jahre des burgundischen Krieges die hernach öfters erneuerte und bestetigte Erbvereinigung mit ihnen aufgerichtet. Uebrigens bezwang Ludwig XI. König in Frankreich Burgund mit den Völkern der Eidsgenossen selbsten, als welche keine fremde Herrschaften für sich verlangten. Gleichwohl erhielt nachgehends Maximilian, Erzherzog von Oesterreich, welcher mit Maria von Burgund, Carls einziger Prinzeßin, vermählet war, Hochburgund samt den Niederlanden.

XI.

Inzwischen schlossen die Eidsgenossen mit Matthias, dem König in Hungarn, auf dessen

C 3　　　　　　Antwor-

Anwerben einen Freundschaftsbund; desgleichen auch im Jahr 1479. mit Papst Sixtus IV., welchen Bund dessen Nachfolger Innocentius VIII. im Jahr 1486. erneuerte. Und um sich selbsten durch neue Bündnisse unter einander zu stärken, nahmen sie im Jahr 1481. Freyburg und Solothurn, welcher Städte Treue und Hülfe sie öfters bewähret hatten, in ihren Bund auf. Jost von Sillinen, Bischoff von Sitten, hatte um diese Zeit einiges Kriegsvolk von Eidsgenossen und Wallisern wider den Herzog von Meiland ausgeführet, aber mit schlechtem Erfolge; indem sie sehr ungesegnet wieder zurück kamen, und eben so übel von den Ihrigen empfangen wurden. Glücklicher waren diejenigen, welche im Jahr 1488. dem König in Frankreich Carl VIII., der nach seines Vaters Tode im Jahr 1483. den Thron bestieg, erstlich wider die Bretonen, und bald darauf in Italien dienten.

XII.

Um gleiche Zeit schlich die Eifersucht unter den Eidsgenossen ein, deren Ausbrüche von gefährlicher Folge hätten seyn können, wenn selbige nicht Niclaus von der Flühe, welcher seiner Heiligkeit und Weisheit halber durchgehends

hends in grossem Ansehen stund, durch seine heilsamen Rathschläge gedämpft hätte. Kurz hernach gewann es wiederum das Ansehen zu einem innerlichen Kriege, da die Appenzeller und St. Galler, samt einigen Unterthanen des Abtes von St. Gallen den angefangenen Bau des Klosters in Roschach niedergerissen hatten, weil sie vermeynten, daß ihre Vorrechte dardurch verletzt wären. Die Appenzeller aber bequemten sich zum Frieden, als das Kriegsvolk der vier, mit dem Abte verbundenen, eidsgenößischen Orte schon würklich in dem Thurgau stund. Die St. Galler hingegen widersetzten sich etwas länger; Die Unruhen wurden aber in kurzem durch einen Vertrag gestillet, und nur die Urheber desselben an Gelde gestrafet. Gleichwohl mußte das vorgehabte Gebäude unterbleiben.

XIII.

Wir übergehen die Friedenshandlungen der Eidsgenossen zwischen Carl VIII. König in Frankreich, und dem römischen König Maximilian I.; desgleichen den Zuzug vieler Schweizer zu gedachtem König Carl, welche sich wider den Willen ihrer Obrigkeiten zu Eroberung des Königreichs Neapolis gebrauchen liessen, und andere solche Dinge mehr, deren weitläuftige Ausführung allhier eben nicht Platz findet.

XIV.

Gegen dem Ende des fünfzehnden Jahrhunderts waren die Eidsgenossen, zu Erhaltung ihrer Freyheit und ihres Lands, in einem wichtigen Kriege mit den Schwaben begriffen. Kayser Friederich III hatte zuwegen gebracht, daß sich verschiedene deutsche Fürsten und Städte, samt dem vornehmsten schwäbischen Adel, zu Herstellung und Versicherung des Landfriedens in dem römischen Reiche, zusammen verbunden. Und mit dieses so genannten schwäbischen Bundes Macht vermeynte er die Eidsgenossen unter den Fuß zu bringen; zu welchem Ende auch die österreichischen Anhänger, und sonderlich das Kammergericht, selbige auf alle Art und Weise anfochten, und mit unbefügten Forderungen, Rechtshändeln und Achtbriefen so lange reizeten, bis endlich im Jahr 1499. unter Maximilians Regierung der Krieg ausbrach. Der Anfang geschah bey den Bündtnern, welche erst kürzlich, als Zugewandte, in den eidsgenößischen Bund waren aufgenommen worden. Es fielen zwar unterschiedliche Treffen zwischen beyden Theilen vor, aber nur an den schweizerischen Grenzen, und allenthalben begleitete der Sieg der Eidsgenossen Waffen, ausgenommen bey Costnitz, da der Vortheil für die Feinde war.

XV.

Dieser Krieg wurd in eben gedachtem Jahre den 22ten Herbstmonats durch einen, für die Eidsgenossen höchstrühmlichen und vortheilhaften, Frieden ausgemacht. Nicht nur blieben sie bey ihrer ungekränkten Freyheit, sondern auch in dem ruhigen Besitze aller, dem österreichischen Hause vormahls entrissenen Länder, und erhielten noch darzu das Landgericht im Thurgau, welches die Costnitzer bis dahin besessen hatten. Den Frieden vermittelte insonderheit Johann Galeatius Visconti, ein Abgesandter des meiländischen Herzogs Ludwig Sfortia, welcher, zu Beschützung seines Herzogthums, eidsgenößischer Hülfe bedorfte. Seit dieser Zeit wagte sich kein Feind mehr an die Schweizer. Im Gegentheile bewarb sich jedermann um ihre Freundschaft in die Wette, welche sie den wenigsten versagten, und sonderlich Italien nachdrücklich verspüren liessen.

XVI.

XVI.

Ludwig XII. König in Frankreich, hatte kurz vor dem schwäbischen Kriege mit den Schweizern Freundschaft und Bündniß geschlossen, weil er des ernsten Vorsatzes war, sein vermeyntes Recht auf das Herzogthum Meiland auszuführen, und vor allen Dingen des Beystandes der Eidsgenossen versichert seyn wollte. So bald denn gedachter Friede seine Richtigkeit hatte, begehrte und erhielt er auch von ihnen die versprochenen Völker. Damit bezwang er inner zwanzig Tagen das ganze Herzogthum. Es brachte zwar Galeatius Visconti fünftausend Schweizer ohne Erlaubniß ihrer Obrigkeiten auf, und mit solchem Volke eroberte Herzog Ludwig die Stadt Meiland wieder. Aber er wurd nicht nur von denen weit stärkern Franzosen in Novara belagert, sondern es weigerten sich auch die von ihm angeworbenen Schweizer wider ihre Landsleute zu fechten, und seine übrigen Völker machten Frieden mit den Franzosen, darüber kam der unglückselige Fürst selbsten seinen Feinden in die Hände, wie sehr sich auch die Eidsgenossen um die Erhaltung seiner Freyheit und seines Lebens bemüheten.

Fünf=

Fünftes Hauptstück.
Fortsetzung bis auf das Jahr der Reformation 1519.

I.

Im Jahr 1501. trat Basel in den ewigen Bund der Eidsgenossen. Diese Stadt hatte schon vorher unterschiedliche Bündnisse mit einigen Orten für eine gewisse Zeit aufgerichtet, und deren schleunige und kräftige Hülfe in den gefährlichsten Zeitläuften erfahren, denselben auch hinwiederum in dem burgundischen Kriege wider Carl den Kühnen, treuen und tapfern Beystand geleistet. Weil sie sich in dem schwäbischen Kriege zu keinem Theile geschlagen, und dardurch zwar um die Eidsgenossen verdient gemacht, aber von Seite des benachbarten Adels einen schweren Haß zugezogen hatte, wollte sie sich wider dessen schädliche Wirkungen vermittelst des gedachten Bundes in Sicherheit setzen.

II.

In eben demselben Jahre wurd auch Schaffhausen in den gleichen Bund aufgenommen. Ehdessen war es eine freye Reichsstadt, bis sie Kayser Ludwig von Bayern den Herzogen von

von Oesterreich übergab, unter denen sie fünf und achtzig Jahre stund. Als nachmahls Herzog Friederich von Oesterreich wegen des von Costniz entführten Papstes Johannes XXII. in Bann geriethe, wurd diese Stadt wieder zu dem Reiche gezogen und frey erklärt. Von solcher Zeit an mußte sie so vieles Ungemach von den Oesterreichischen erdulden, daß sie sich, um Frieden zu haben, in verschiedene Bündnisse mit den Eidsgenossen auf gewisse Jahre einließ, bis sie endlich ihrer Treue und Gelegenheit halber dem ewigen Bunde einverleibet wurd. (*)

III.

Nachdem also XII. Orte vereinigt waren, liessen sich viele Eidsgenossen verleiten, dem König in Frankreich Ludwig XII, welcher Neapolis bekriegte, wie vormahls Carln VIII, ohne obrigkeitliche Verwilligung zuzuziehen. Mit diesen fiel es ihm desto leichter, das ganze Königreich zu bezwingen, weil ihm auch die Spanier darzu halfen. Allein, wie es zur Theilung kam, setzte es Händel, daß die Spanier alles für

(*) Papst Johannes XXII. wird sonst insgemein XXIII. genennet; weilen, unter den Päpsten dieses Namens bald mehr, bald weniger gezehlt werden.

für sich behielten, und die Franzosen zum Lande hinaus jagten. Als hieraus grosses Unheil entstund, beschlossen die Eidsgenossen, die Ihrigen künftighin von allen fremden Kriegsdiensten auf das strengste abzuhalten. Nichts desto weniger liesen im Jahr 1507. eben gemeldtem König nochmahls etliche tausend Kriegsknechte wider die Genueser zu, unterschieden sich aber durch ihre Tapferkeit so wohl, daß sie ihrem Vaterlande Ehre brachten. Kayser Maximilian hingegen, der ebenfalls Hülfe begehrte, erhielt abschlägige Antwort, theils wegen des neulichen Schlusses, theils auch darum, weil man vorsah, daß er die Völker wider die Franzosen führen wollte.

V.

Ungeachtet der französische Bund im Jahr 1509. sein Ende erreichet hatte, liessen sich die Eidsgenossen gleichwohl von dem König noch in denjenigen Kriegen gebrauchen, welche er vermög des zu Cambray geschlossenen Bundes, wider die Venetianer führte. Als hingegen in dem folgenden Jahre Papst Julius II. durch den Cardinal von Sitten, Matthäus, ein fünfjähriges Bündniß mit ihnen aufrichtete, wollten sie ihm, weil er ein Feind der Franzosen war,

war, durchaus keine Dienste thun, obschon sie unter auderm Vorwande waren geworben, und von König Ludwig zum Zorne gereizet worden, als der ihnen, da es um die Bundserneuerung zu thun war, die begehrte Vermehrung der jährlichen Besoldungen mit rauhen Worten abgeschlagen hatte.

V.

Es stund aber nicht lange an, so brachten es die Eidsgenossen dahin, daß den König seine unvorsichtige Hartnäckigkeit gereuete. Im Jahr 1511. erhielt Kayser Maximilian, daß die, von einigen Orten vorhin schon verwilligte, Erbvereinigung, mit Einschliessung Burgunds, von allen insgesamt angenommen und erneuert wurd. Als nach diesem noch mehrere Ursachen der Erbitterung hinzukamen, traten die Eidsgenossen vollends auf päpstliche Seite, stiessen ihre Völker zu denen mit dem Papste wieder ausgesöhnten Venetianern, und nahmen sogleich in dem ersten Anfall Cremona und Pavia hinweg. Diesem Exempel folgeten die übrigen Städte, daß die Franzosen, ausser einigen Schlössern, nichts mehr in dem Meiländischen übrig behielten: Für welche Dienste der Papst die Eidsgenossen mit prächtigen Titeln und Pannern beschenkte.

VI.

VI.

Also wurd Maximilian Sforzia durch die Eidsgenossen, was auch immer der Kayser Maximilian und die Venetianer darwider einwenden mochten, in sein väterliches Herzogthum feyerlich eingesetzt, und erneuerte darauf Bund und Freundschaft mit denselben, überließ auch ihnen Lugano, Locarno, Mendrisio, und Valmadia, den Bündtnern aber das Valtelin. Zu eben solcher Zeit schlossen die sämtlichen Orte einen Bund auf XXV. Jahre mit Carl, dem Herzoge von Savoyen.

VII.

Der König in Frankreich ließ durch seine Gesandten auf das nachdrücklichste um gleiche Freundschaft anhalten. Die Eidsgenossen hatten aber keine Ohren darzu, weil sie den Herzog von Meiland nicht verlassen wollten. Also gieng der Krieg von neuem an, da sie denn im Jahr 1513. die Franzosen bey Novara in einer grossen Schlacht überwanden, und gänzlich aus Italien vertrieben. Aber auch mit diesem Siege vergnügten sich die Eidsgenossen nicht, sondern rückten auf Antrieb Kayser Maximilians in Burgund ein, belagerten Dijon, und setzten den König in nicht geringes Schrecken. Man
bewog

bewog sie aber zum Abzuge, mit dem Versprechen, daß der König ihnen eine gewisse Summe Geldes bezahlen, und sich aller Ansprüche auf das Herzogthum Meiland begeben sollte. Allein der König wollte an den Vertrag nicht gehalten seyn, und darmit hatte das Versprechen und der grosse Feldzug ein Ende.

VIII.

In eben gemeldtem 1513ten Jahre wurd auch Appenzell in den eidsgenößischen Bund aufgenommen. Diese Landschaft war ehmahls den Aebten von St. Gallen unterthan, von deren Herrschaft sie sich aber nach und nach befreyte. Als hierauf die Einwohner in die Reichsacht und in päpstlichen Bann verfielen, behaupteten sie dennoch ihre Freyheit vermittelst ihrer Bündnisse mit etlichen Orten der Eidsgenossenschaft. Solchemnach wurden sie im Jahre 1452. mit sieben, nachgehends aber gedachter massen mit den sämtlichen Orten verbunden, und erhielten die dreyzehnde Stelle.

IX.

Franciscus I., welcher mittlerweile den französischen Thron bestiegen, nahm sich zugleich vor, das Herzogthum Meiland wieder zu erobern. Kayser Maximilian, König Ferdinand in Spa-

Spanien, und Papst Leo X. beschlossen hingegen, den Herzog zu beschützen, und das Vorhaben der Franzosen zu zernichten. Worauf sie zwar die Eidsgenossen zu Hülfe riefen, solche aber, wie es Ernst galt, in der Gefahr stecken liessen. Also kam es im Jahr 1515. bey Marignan zu einer harten Schlacht, welche schier zween Tage mit abwechselndem Glücke fortwährete. Die Eidsgenossen hatten das französische Lager angegriffen, und bey nahem erobert, mußten aber endlich mit nicht geringem Verluste nachgeben, wobey sie sich gleichwohl in bester Ordnung zurückzogen. Darmit fiel das ganze Land und der Herzog selbsten in französische Hände. In gleichem Jahre wurd Mühlhausen, als ein zugewandtes Ort der Eidsgenossenschaft, angenommen.

X.

Der König, welcher bey seinem blutigen Siege die Tapferkeit der Eidsgenossen nicht genug bewundern konnte, ruhete nicht, bis er solche aus Feinden zu Freunden machte. Also wurd so gleich im folgenden 1516. Jahre zwischen Frankreich und den Eidsgenossen ein ewiger Friede, wie auch ein Freundschaftsbund, geschlossen, welchem anfänglich nur acht,

D nach-

nachgehends aber, als dieser Bund aufgehaben worden, die sämtlichen Orte beystimmten. Endlich wurd im Jahre 1521. auch ein Hülfsbund von beyden Theilen aufgerichtet: Nur Zürich allein war auf keinerley Weise zum Beytritte zu bewegen, und hatte verschiedene Gründe dargegen einzuwenden. Bey nahem wären auch die übrigen reuig worden, als sie bey Bicoque eine Niederlage erlidten.

XI.

Alldieweil dieses vorgieng, hatten sich mit Herzog Ulrich von Würtemberg, welchen der Kayser mit Hülfe des schwäbischen Bundes vertrieben hatte, 15000. Schweizer vereinigt. Weil aber der Zuzug ohne obrigkeitliche Bewilligung geschehen war, und selbige sich so gar aller Abmahnung widersetzten, beschlossen die Häupter der Eidsgenossenschaft, die Waffen wider sie zu gebrauchen, durch welchen Ernst sie endlich zum Gehorsam gezwungen wurden. Im Jahr 1519. war die Stadt Genf in merklicher Gefahr, durch den Bischoff und den Herzog von Savoyen ihrer bisherigen Freyheit beraubet zu werden, bey welcher sie sich aber mit grosser Tapferkeit zu erhalten wußte. In gleichem Jahre wurd die Stadt Rothweil durch

durch eine ewige Vereinigung mit allen Orten verbunden. (*)

XII.

Nach Maximilians Tode strebte Franciscus I. nach der kayserlichen Krone, und ließ die Ursachen seiner Werbung an die Eidsgenossen gelangen, mit dem Ersuchen, ihn bey denen Churfürsten zu unterstützen. Nicht nur aber entschuldigten sich dieselbigen, mit Vermelden, daß ihnen nicht zukäme, die Wahlfreyheit zu hindern, sondern schrieben auch an die Churfürsten, daß sie keinen andern, als einen deutschen Kayser, erwählen möchten; ermahnten auch Papst Leo dieses Vorhaben zu befördern. Also wurd in gedachtem 1519ten Jahre Carl V. erwählet.

Sechstes Hauptstück.
Fortsetzung bis zu Ende des sechszehnden Jahrhunderts.

I.

Um diese Zeit predigte zu Zürich Ulrich Zwingli, ein gelehrter Mann, welcher sich dem

---

(*) Rothweil ist nachgehends wieder aus der Eidsgenossen Vereinigung gekommen, und also kein zugewandtes Ort mehr. Es ist eine kleine Reichsstadt im Schwabenlande.

dem Franciscanermönche und Ablaßkrämer Bernhardin Samson mit aller Macht widersetzte. Seine Gehülfen waren Heinrich Bullinger und Leo Jud. Als hierüber grosser Unwille wider Zwingli entstund, und viele so wohl inner als ausser der Stadt dessen, in verschiedenen Stücken von der Römischcatholischen abgehende, Lehre anfochten, wurd auf den 29ten Jenners 1522. eine öffentliche Disputation zu Zürich angestellt: Weil aber niemand von den gegenseitigen Lehrern hervortrat, schrieb die Obrigkeit einen Befehl in ihrem Lande aus, daß die Menschensatzungen sollten abgethan, und nur das reine Wort GOttes aus den Büchern des alten und neuen Testaments geprediget werden. Dieses war der Anfang der Reformation in der Eidsgenossenschaft.

II.

Anfänglich hatte Zwingli nur die Züricher zu Anhängern. Die meisten Orte waren deswegen sehr über sie entrüstet, und warneten sie hart, von aller Neuerung in Religionssachen abzustehen. Nichts desto weniger fuhren dieselben eiferig in ihrem Vorhaben fort, schafften die Bilder aus den Kirchen, und machten andere Anstalten mehr, die ihnen nöthig schienen. Inzwi-

VI. Hauptst.   Geschichte.   53

Inzwischen hielten die übrigen Orte eine Tagsatzung zu Lucern, und verbanden sich unter einander, bey den alten Gebräuchen ihres Gottesdienstes zu verharren; schickten auch eine Gesandtschaft an die von Zürich, um solchen ihr Mißfallen über die geschehenen Neuerungen zu bezeugen; dergleichen noch zu verschiedenen mahlen hernach, aber vergeblich, geschah.

III.

Die Züricher liessen nichts unbeantwortet, und rechtfertigten ihr Verfahren so wohl, daß nach und nach andere Orte mehr bewogen wurden, sich zu ihnen zu schlagen, ungeachtet nach der, im Jahre 1526. zu Baden gehaltenen Disputation alle beschlossen hatten, über ihrer Väter Religion fest zu halten, und sich übrigens den Aussprüchen einer künftigen allgemeinen Kirchenversammlung zu unterwerfen. Denn hieran wollten sich die Berner nicht kehren, sondern faßten, vornehmlich auf Anrathen Franz Kolbens und Berchtold Hallers, den Entschluß, eine andere Disputation in ihrer Stadt halten zu lassen, deren Ausgang den 26ten Jenners 1528. dieser war, daß die vorgelegten Schlußreden von den meisten einhelliglich gutgeheissen wurden.

D 3   IV.

IV.

Ihnen folgeten die Basler, Schaffhauser, und Mühlhauser, wie auch ein grosser Theil der Glarner, Appenzeller, Bündtner, Toggenburger, samt andern mehr. In Basel hatte man sich schon lange berathschlaget, wie das Reformationswerk anzugreifen wäre; Gleichwohl wurden erst im Jahre 1529. die Bilder aus den Kirchen weggeräumet, und andere darbey nöthige Dinge bewerkstelliget; aber nicht ohne innerliche Unruhe, weil die Obrigkeit nicht so eiferig, als die Bürger wünschten, in der Sache verfuhr. Nachdem aber dieses vorüber war, trat die Stadt dem Bündniß bey, welches Zürich, Bern, und Costnitz zu Behauptung ihrer Religionsfreyheit unter sich geschlossen hatten: indem sich vorher schon die fünf römischcatholischen Orte mit König Ferdinand zu Beschützung ihrer hergebrachten Religion vereiniget hatten. Als sich hierauf die beyderseitige Erbitterung täglich mehr äusserte, und jeder Theil von dem andern beschimpft zu seyn glaubte, hatte es allerdings das Ansehen zu einem einheimischen Kriege: Als man aber bereits zu den Waffen gegriffen hatte, schlugen sich die übrigen in das Mittel, und erhielten so viel, daß die Thätlichkeiten für diesmal unterblieben.   V.

V.

Man genoß aber der Ruhe nicht lange. Denn erſtlich hatte man nöthig, zum Beſten der Graubündtner einen Feldzug vorzunehmen. Demnach beſchwerten ſich die Züricher, daß man die neulichen Verträge an ihnen gebrochen hätte, und ſchlugen derowegen den fünf Orten die Zufuhr und den feilen Kauf ab. Die andern, denen mehr an dem Frieden gelegen war, bemühten ſich vergeblich, die erhitzten Gemüther zu beſänftigen. Die Völker der fünf Orte griffen zu den Waffen, überfielen die Züricher unverſehens in ihrem eigenen Gebiete, und ſchlugen ſolche ſo wohl bey Cappel, als auch auf dem Zugerberge, ehe die Hülfsvölker anlangten; da dann nebſt vielen, die auf dem Platze blieben, in dem erſten Treffen auch Zwingli das Leben verlohr. Zwar wurden hierauf die ſtreitenden Theile vertragen, und zu dieſem Ende die, beyder Religionen halber vorhin aufgerichteten, Bündniſſe aufgehaben; jedoch mußten die Züricher harte Bedingniſſe eingehen. Der Ungehorſam und die Uneinigkeit der reformirten Völker war aber ſo groß, daß der Krieg nothwendig für ſie unglücklich ausfallen mußte.

VI.

VI.

Um diese Zeit, und zwar im Jahre 1525, gieng die bekannte Schlacht bey Pavia vor, in welcher König Franciscus I von den Kayserlichen gefangen wurd, weil die schweizerischen Hülfsvölker ihrer Schuldigkeit nicht genug gethan hatten. In diesem Jahre verbanden sich die Genfer mit denen von Bern und Freyburg, damit sie vor den Nachstellungen ihres Bischoffs und des Herzogs von Savoyen, denen sie alleine nicht länger zu widerstehen vermochten, ihre Freyheit verwahrten. Durch solcher Bundsgenossen Hülfe kam es im Jahre 1530. bey St. Julian zu einem Vertrage, in welchem der Herzog den Genfern gute Nachbarschaft versprechen, und zur Versicherung einen Theil seiner Länder verschreiben mußte. Selbige fiengen hierauf an, die Reformation nach und nach in ihrer Stadt einzuführen, daß endlich der Bischoff, weil seine Gegenwart weiter nicht mehr nöthig war, lieber gar daraus entwich. Bern beförderte die darinnen vorgenommene Religionsänderung; Freyburg aber wollte das Bündniß nicht länger fortsetzen.

VII.

Herzog Carl setzte den Vertrag bald aus den Augen, und steng neue Händel mit den Genfern

Genfern an. Die Berner liessen ihn demnach durch Gesandte seines Versprechens erinnern, und weil er keine vergnügliche Antwort ertheilte, im Jahre 1536. ihre Völker heranrücken, das belagerte Genf zu entsetzen. Der Herzog wich zwar alsobald zurücke. Aber darmit waren die Berner nicht zufrieden, sondern bemeisterten sich bey diesem Anlasse des ansehnlichsten und fruchtbarsten Stückes von Savoyen, vertrieben den Bischoff von Lausanne, und brachten die Stadt in ihre Gewalt. Einen Theil der eroberten Länder überliessen sie denen von Freyburg und den Wallissern, die ihnen behülflich gewesen waren. Hiermit erreicheten sie die alten Grenzen Helvetiens, nämlich den Genfersee.

VIII.

Als im Jahre 1546. der schmalkaldische Krieg ausbrach, liessen sich einerseits der Kayser und der Papst, anderseits aber die Protestanten nicht wenig angelegen seyn, die Eidsgenossen zu gewinnen. Diese aber hatten nicht Lust, sich in fremde Händel zu mischen, oder dem einen Theile günstiger, als dem andern, zu erzeigen, sondern beschlossen, keinem fremden Kriegsvolke den Eintritt in ihre Grenzen,

viel

viel weniger den Durchzug zu gestatten; und verboten den Ihrigen auf das ernstlichste, weder der einen, noch der andern - kriegenden Macht zuzulaufen. Diese Sorgfalt war insonderheit nöthig, nachdem der Kayser den Sieg erhalten hatte.

IX.

So vorsichtig waren die Costnitzer nicht, welche durch Annehmung des schmalkaldischen Bunds, und Verwerfung des sogenannten Interims um ihre Freyheit kamen, und, aller Fürbitte und gesuchten Hülfleistung ungeachtet, sich im Jahre 1548. dem österreichischen Hause auf ewig unterwerfen mußten. Im folgenden Jahre begehrte Heinrich II., welcher nach Königs Franciscus I. Tode in Frankreich regierte, sich mit den Eidsgenossen wegen der Bundserneuerung in Handlungen einzulassen. Hierwider setzten sich die Züricher, weil ihnen Bullinger, wie ehmals Zwingli, die Unanständigkeit der feilen Kriegsdienste nachdrücklich zu Gemüthe führte. Eben so wenig wollten sich die Berner darzu verstehen, welche, neben andern Bewegursachen, die Drangsalen ihrer Glaubensgenossen in Frankreich darwider anführten. Nichts desto weniger liessen sich die übri-

übrigen Orte überreden, im Jahre 1549. ein Bündniß einzugehen, welches, so lange der König lebte, und fünf Jahre nach seinem Tode währen sollte.

X.

Als die allgemeine Kirchenversammlung zu Trident ausgeschrieben war, wurden die Eidsgenossen von Kayser und Papste zum öftern, sonderlich aber im Jahre 1551. ermahnet, derselbigen beyzuwohnen, und ihre Geistlichen dahin zu schicken. Die Prediger der Reformirten aber beredten die Ihrigen leichtlich, daß sie zu Hause blieben. Desgleichen wurden die übrigen durch den König in Frankreich, dem solche Versammlung eben so sehr zuwider war, abwendig gemacht. Aus dieser Ursache beriefen auch die Bündtner den Bischoff von Cur, Thomas Planta, welcher schon abgereiset war, wieder zurücke: Wozu noch kam, daß Petrus Paulus Vergerius durch eine öffentliche Schrift jedermann vor der tridentinischen Kirchenversammlung warnete.

XI.

Um diese Zeit machte sich Michael Servet, ein Spanier durch seine albernen und gottlosen Schrif-

Schriften bekannt, in welchen er unter anderm die Lehre von der heiligen Dreyeinigkeit anfocht. Calvinus hatte ihn zwar schriftlich und mündlich wiederleget. Weil sich aber solcher nicht weisen lassen, noch von seinen Lästerungen abstehen wollte, wurd er im Jahre 1553. ergriffen, und lebendig verbrannt. Die wenigsten wollten dieses Verfahren billigen, und Calvinus muß sich noch immer übel darum nachreden lassen. Im vorhergehenden Jahre wurd das meiländische Capitulat mit Kayser Carl V. erneuert. Nachgehends entstund eine Streitigkeit über der neuenburgischen Erbfolge, und maßte sich das Parlament zu Paris das Recht an, darinnen zu sprechen; die Sache wurd aber durch die von Bern so vermittelt, daß alle Neuerung unterbleiben mußte.

XII.

Im Jahre 1557. erneuerten alle Orte der Eidsgenossenschaft, ausser Basel, die österreichische Erbvereinigung mit Philipp II., König in Spanien. Drey Jahre hernach wandte Papst Pius II. alle seine Kräfte an, die Stadt Genf, die ihm der Religion halber verhaßt war, ins Verderben zu bringen, und zu diesem Ende nicht nur den Herzog von Savoyen, sondern

sondern auch die Könige von Frankreich und Spanien, wider selbige zu verhetzen. Weil sich aber die Könige mit einem solchen Geschäfte nicht beladen wollten, so hatte auch der Herzog gebundene Hände; welcher sich denn mit demjenigen, was ihm die Genfer in der Güte zugestunden, begnügte, und seinen übrigen Forderungen dargegen auf ewig entsagte. Um diese Zeit richteten die catholischen Orte mit dem Papste ein Bündniß auf, welches den Reformirten nicht zum besten gefiel. Letztere liessen im Jahre 1566. ihr Glaubensbekänntniß von Heinrich Bullingern aufsetzen und herausgeben, dessen Unterschrift aber die Basler nicht für nöthig erachteten, weil sie dasjenige, welches sie bereits bey der Reformation eingeführt hatten, für genugsam hielten. (*)

XIII.

Im Jahre 1562. nach gehaltener Glaubensunterredung zu Poißy, deren die schweizerischen Gottsgelehrten Theodor Beza und Peter Martyr beygewohnet, entstunden in Frankreich die innerlichen Kriege, da sich der Prinz

(*) Nichts destoweniger unterschrieben die Basler ebenfalls das Eidsgenößische Glaubensbekänntniß, als solches im Jahr 1644. wiederum von neuem herausgegeben wurde.

Prinz von Conde mit Hülfe der Reformirten dem Herzoge von Guise, dem Conestabel von Montmorancy und dem Marschalle von St. Andre, welche zusammen verbunden waren, widersetzte. Weil sie nun beyderseits die Eidsgenossen um Hülfe ersuchten, konnte man nicht hindern, daß nicht viele, theils wider das Verbot, theils aus Uebersehen ihrer Obrigkeiten, der einen oder der andern Parthey zuzogen. Bey allem diesem aber wurd im Jahre 1564. der alte Bund mit König Carl IX. erneuert.

XIV.

Um das Jahr 1579. war man aufs neue wegen der Stadt Genf in Sorgen, als wider welche der Herzog von Savoyen nochmahls einen gefährlichen Anschlag vorhatte. Derowegen brachten es die von Bern und Solothurn bey dem König in Frankreich Heinrich III. dahin, daß er selbige in seinen Schutz nahm, und dem ewigen Frieden mit den Eidsgenossen einverleibte; welches um so viel leichter zu erhalten war, weil dem König nicht weniger, als ihnen, an Erhaltung dieser Stadt gelegen seyn mußte. Im folgenden Jahre machten die catholischen Orte mit dem Bischoffe von Basel einen Bund, welcher nachgehends zu verschiedenen

nen malen bestetigt worden. Desgleichen wurd im Jahre 1582. der französische Bund, welchem auch Bern beytrat, erneuert, und zwar mit eben den Bedingnissen, über welche man vormahls mit König Franciscus I. einig worden war. Der Papst und der König in Spanien bemüheten sich durch ihre Gesandten vergebens, die catholischen Orte davon abzuziehen; welche sich aber dennoch im Jahre 1586. zu einem absvuderlichen, auf die Beschützung der römischcatholischen Religion und Kirche abzielenden Bündnis verleiten liessen.

XV.

Allhier ist diejenige Unruhe zu merken, welche um diese Zeit in Mühlhausen entstund. Zween Brüder, Namens Fininger, waren von dem Rathe daselbst, weil sie einen Mitbürger vor fremde Gerichte geladen hatten, des Landes verwiesen worden. Darüber beschwerten sie sich bey den catholischen Orten der Eidgenossenschaft; welches so viel wirkte, daß man die Wiedereinsetzung der Vertriebenen durch Gesandte begehren ließ. Als sich aber die Mühlhauser an die Fürbitte nicht kehrten, nahmen gedachte Orte diesen Schimpf so hoch auf, daß sie die gedachte Stadt nicht länger in dem Bund behal-

behalten wollten. Die reformirten Eidsgenossen ermahneten derowegen die Mühlhauser, die Sininger wieder aufzunehmen, welches auch zu der Stadt grossem Schaden endlich geschah. Denn diese verhetzten nicht nur heimlich die Bürger wider ihre Obrigkeit, sondern brachen auch öffentlich mit ihrer Bosheit aus, und stifteten einen Aufruhr, in welchem der Pöbel verschiedene Personen des Raths entsetzte. Da nun die reformirten Eidsgenossen diese Unruhe durch ihre Gesandten nicht zu stillen vermochten, belagerten sie im Jahre 1587. die Stadt, nahmen sie nicht ohne Blutvergiessen ein, und machten Frieden darinnen.

XVI.

In eben diesem Jahre machten die catholischen Orte, Solothurn ausgenommen, mit dem König in Spanien einen Bund, welcher einige, den Reformirten beschwerliche, Stücke enthielt. Von diesen letztern, und sonderlich aus Zürich, Bern, Basel und Bündten zogen bey 20000. Mann in Frankreich, welche Heinrich, König von Navarra, durch den Herrn von Clervant hatte anwerben lassen. Allein sie wurden theils durch verschiedene Treffen geschwächt, theils von dem König in Frankreich durch Vorstellung des

mit

mit ihm aufgerichteten Bundes, oder aber durch Geld zur Rücklehre bewogen. Im Jahre 1588. schlossen die Züricher, Berner und Straßburger einen Schutzbund miteinander, vermöge dessen die letztern im Jahre 1592., als sie wider ihren Bischoff kriegen mußten, die Hülfe wirklich erhielten.

XVII.

Inzwischen hatten sich Zürich und Bern im Jahre 1584. zu Beschützung der Stadt Genf durch einen ewigen Bund mit solcher vereinigt. Als man im Jahre 1589. eine heimliche Verbindung gewisser Personen zu Lausanne mit dem savoyischen Hofe, und eine Verrätherey wider Genf entdeckte, wurden die Berner leichtlich darzu gebracht, daß sie dem König in Frankreich Volk und Geld hergaben, den Herzog in Savoyen, über welchen er wegen des neulich eroberten Fürstenthums Saluzzo ohnedem erbittert war, zu bekriegen. Die Genfer machten den Anfang zum Kriege, welcher vier Monate lang um ihre Stadt herum mit wechselndem Glücke geführet wurd. Es schien damahls nicht anderst, als hätten sich die Berner entweder durch sonderbare Friedensvorschläge, oder sonst eine geheime Ursache verblenden lassen,

indem

indem sie nicht nur den Genfern mit keinem Ernste beystunden, sondern gar einen besondern Frieden eingiengen, in welchem sie, denselben keine weitere Hülfe zu leisten, ausdrücklich versprachen. Es blieb aber dieser Friede unbestetigt, und hatte keine weitere Folgen.

XVIII.

In diesem und folgendem Jahre setzten die Genfer den Krieg alleine fort, weil sich alle vorgenommene Friedenshandlungen bis dahin fruchtlos zerschlagen hatten. Sie nahmen Versoy hinweg, als es der Herzg besser befestigen wollte; ferners die Claus, und andere Plätze mehr. Aber im 1590ten Jahre gerieth die Claus wieder in savoyische Hände, und die Genfer büßten empfindlich ein, als sie ihr geraubtes Vieh den Feinden wieder abzujagen vermeynten; wobey es wenig gefehlet, daß nicht die Stadt selbsten wäre eingenommen worden. Gleichwohl ersetzten die Bürger diesen Schaden durch andere glückliche Streiche, welche alle zu erzählen unsere Absicht nicht zuläßt.

XIX.

Die Eidsgenossen, welche unter Anführung des Herrn von Sancy dem König in Frankreich Heinrich III. zugezogen waren, liessen
sich

sich nach dessen Tode bewegen, die Parthey des Königs von Navarra, welcher aus dem bourbonischen Hause stammte, und vermöge des Erbrechtes in der Regierung folgte, zu ergreifen. Heinrich IV. gestund auch freymüthig, daß er den eidsgenößischen Hülfsvölkern in den damahligen gefährlichen Zeiten sein Aufkommen zu danken hätte. Da indessen eben dieser König im Jahre 1595. in dem Kriege mit Spanien begriffen war, und die Grafschaft Burgund überfiel, thaten die Eidsgenossen, der burgundischen Erbvereinigung zu Folge, ihr äusserstes, die Franzosen zum Abzuge zu bewegen, welches sie auch, obwohl nach langer Weigerung, erhielten.

Siebendes Hauptstück.

Fortsetzung bis zu dem westphälischen Frieden, im Jahre 1648.

I.

Im Jahre 1602. wurd der französische Bund mit Heinrich IV. erneuert, und durch die eidsgenößischen Gesandten, welche mit ihrem Gefolge zu Paris prächtig waren empfangen worden, feyerlich beschworen. Mitten im Winter eben desselben Jahres gedachte der Herzog von Savoyen mit seinen Völkern, welche Albigny anführen sollte, die Stadt Genf in einer Nacht zu überrumpeln. Viele hatten auch schon die Mauren so glücklich erstiegen, daß es allerdings schien um die Freyheit der Genfer geschehen zu' seyn. Allein diejenigen, so wirklich in die Stadt gekommen waren, wurden von den herzugelaufenen Bürgern theils erschlagen, theils heraus gejaget. Solche nahmen hierauf eidsgenößische Besatzung ein, mit welcher sie verschiedene Ausfälle thaten, und das herumliegende Land nicht wenig verwüsteten. Im folgenden Jahre kam durch des Königs in Frankreich und der Eidsgenossen Vermittlung der von beyden kriegenden Theilen erwünschte Friede bey St. Julian zum Stande, wodurch alles beygelegt und beruhigt war.

II.

Allweil dieses vorgieng, verbanden sich die Bündtner mit dem Canton Bern, da sie schon längsten mit den sieben ältern Orten im Bunde gestanden waren. Im Jahre 1604. erneuerten auch sechs Orte ihren Bund mit dem König in Spanien. Im folgenden Jahre schickten die reformirten Eidsgenossen eine Gesandtschaft in Frankreich, welche bey dem König eine

eine Fürbitte für den vertriebenen Herzog von Bullion einlegen sollten, weil sie glaubten, er würde auf blosse Verleumdungen hin und aus einem Religionshasse von seinen Feinden gestürzet worden. Dennoch wurd er erst im Jahre 1606. begnadiget. In diesen Jahren entstunden bey den Bündtnern solche Unruhen und Zerrüttungen, daß sogar die eidsgenößischen Gesandten, welche die Streitigkeiten beylegen sollten, nicht einmal angehört wurden, und ausser den Waffen kein Mittel mehr übrig zu seyn schien, dem Unwesen zu steuren, und die Bündtner zahm zu machen. Gleichwohl legten sie sich im Jahre 1607. freywillig zum Ziele; konnten aber nicht lange Frieden halten.

III.

Als im Jahre 1610. etliche Reichsstände eine Vereinigung unter sich geschlossen hatten, und sich stellten, als ob sie den Krieg in das Elsaß spielen wollten, beschlossen die Eidsgenossen auf Ansuchen des Kaysers, eine Gesandtschaft zu Vermittlung des Friedens an sie abzuordnen, welche Fürsorge nicht einmal nöthig war. Bey solchen Umständen wurd Mühlhausen von den Reformirten gleichwohl mit einer Besatzung versehen. Im Jahre 1612. machten die Züricher und Berner mit Georg Friederich, Marsgrafen von Baden, einen Schutzbund auf zwölf Jahre. Eben dieser Fürst bemühete sich zwey Jahre hernach vergeblich, die vier reformirten Cantonen in die Vereinigung der protestirenden Reichsstände zu ziehen, weil verschiedene Ursachen im Wege stunden. Inzwischen endigte sich die lange Streitigkeit der Stadt Bern mit dem Bischoffe von Basel, welcher das Münsterthal und den Bielischen Tausch betraf.

IV.

Bisher hatten die Züricher Schwürigkeit gemacht, dem französischen Bunde, vermöge dessen sie Kriegsknechte um den Sold hergeben sollten, beyzutreten, liessen sich aber endlich im Jahre 1614., als solcher mit Ludwig XIII. und dessen Mutter erneuert wurd, auf dringendes Anhalten des königlichen Botschafters und ihrer Mileidsgenossen darzu bewegen. Sie schlossen auch damahls nebst denen von Bern einen Bund mit Venedig, worinnen ein Theil dem andern Hülfe versprach.

V.

Das 1617te Jahr ist merkwürdig wegen des Vertrags zwischen dem Herzoge von Savoyen und

und den Bernern, in welchem er sich aller
seiner Ansprüche auf die von ihnen längst ein-
genommene Waat für ewig begab, und beyde
Theile einander im Nothfalle Hülfsvölker versprachen, welche auch dem Herzoge, als er im
Kriege mit Spanien verwickelt war, alsobald
gestellt wurden.

VI.

In eben diesem Jahre brachen aufs neue die
innerlichen Kriege in Bündten aus, welche
bey nahem der Einwohner gänzliches Verderben
nach sich gezogen hätten. Weil die meisten unter den Grossen, wie es das Ansehen hatte, auf
der Spanier Seite hiengen, andere hingegen
auf den Bund mit Venedig drangen, wiederum andere französisch gesinnet waren; so
griff der Pöbel zu den Waffen, zog viele zur
Verantwortung, strafte etliche gar am Leben,
und verwieß einige des Landes. Das ärgste war,
daß die ergrimmten Landleute selbsten an einander geriethen, und auf allen Seiten viel Blut
vergossen ward.

VII.

Im Jahr 1618. trachteten die General-
Staaten der vereinigten Niederlande, die von

E 4 den

den Remonstranten über einige Punkte der Gottsgelehrtheit erregten Streitigkeiten, vermittelst einer Kirchenversammlung zu Dordrecht, beyzulegen, und verlangten in dieser Absicht, daß auch die reformirten Eidsgenossen etliche Gottsgelehrten aus ihrem Mittel dahin absenden möchten. Solches bewilligte man einhellig, und ein jeder reformirter Canton schickte einen, Basel aber zween, einen nämlich in der hohen Schule, den andern aber in der Kirche Namen.

VIII.

Ungeachtet das ganze Bündten durch den Bergfall, welcher Plurs und Schilan völlig verschüttet hatte, in Schrecken gerathen war, wollten sich gleichwohl die aufrührischen Einwohner zu keinem Frieden bequemen, wie sehr auch die Gesandten der sämtlichen Eidsgenossen daran arbeiteten. Vielmehr suchte eine jede Parthey die andere nach äusserstem Vermögen zu unterdrücken; bis endlich das Land in volle Flammen gerieth, und der wüthende Pöbel theils aus Eifer für die römischcatholische Religion, theils auf Anstiftung der Verwiesenen, und des spanischen Statthalters in Meiland, im Jahre 1620. alle Reformirten in dem Valielin jämmerlich ermordete; welche greuliche That jedermann, ausser den Spaniern, verabschente.

IX.

IX.

Der Spanier Zweck war, das Valtelin in ihre Gewalt zu bringen, damit sie zu allen Zeiten einen freyen Durchzug aus Italien in Deutschland haben, und also das Herzogthum Meiland mit den österreichischen Provinzen verbinden möchten; welchen Anschlägen sich sogar die französischen Gesandten, die doch vor andern darwider hätten eifern sollen, mit keinem rechten Ernste widersetzten. Zu allem Unglücke mußten die Züricher und Berner, welche von den Bündtnern waren zu Hülfe gerufen worden, den Kürzern ziehen. Endlich schlug sich Ludwig XIII. in das Mittel, und drang darauf, daß die Spanier den Bündtnern das Valtelin wiederum einräumen sollten. Es wurd zwar solches im Jahre 1621. zu Madrit beschlossen, aber nicht ins Werk gesetzt.

X.

Das Elend der Bündtner wurd so wohl durch die innerlichen Unruhen, als auch durch die Einfälle der Spanier und Oesterreicher täglich grösser. Es vermochten auch die Gesandten der Eidsgenossen an dem Erzherzog Leopold und dem Herzog von Feria nichts darwider auszurichten. Demnach sahen sich die Bündtner gezwun-

gezwungen, die härtesten Bedingnisse einzugehen, vermöge deren nicht nur die Obrigkeiten viel von ihrem Recht über die Unterthanen, sondern auch die Unterthanen selbsten ihre meisten Freyheiten verlohren. Endlich schöpften sie im Jahre 1622. wiederum neuen Muth, indem sie unter Anführung des tapfern Rudolfs von Salis ihre Feinde hier und dar theils erschlugen, theils aus dem Lande jagten, zugleich auch ihre alten Bündnisse erneuerten, und hingegen die; so ihnen neulich von den Fremden waren abgedrungen worden, zernichteten.

XI.

Allein dieses Glück war von kurzer Dauer: Denn die Oesterreicher überfielen die Bündtner aufs neue, und setzten ihnen dergestalt zu, daß sie wohl gezwungen waren, die Lindauer-artickel einzugehen, und sich darinnen schwere Gesetze vorschreiben zu lassen. Im Jahre 1623. hoften sie etwas bessere Zeiten, da sich Frankreich ihrer annahm, und zu ihrer Erhaltung mit Venedig und Savoyen vereinigte. Die Völker dieser drey verbundenen Machten rückten im folgenden Jahre wirklich in das Land ein, und bemeisterten sich der engen Pässe, wie auch des Valtelins. Nicht minder waren die

Eidsge-

Eidsgenossen beschäftigt, ihnen so wohl mit Rathe, als Völkern, beyzustehen. Aber Muth und Hofnung entsank ihnen wieder, als im Jahre 1626. Frankreich und Spanien untersehens zu Monzon Frieden machten, und die Valteliner samt einigen andern frey erklärten.

XII.

Als indessen das benachbarte Schwaben aus Anlasse des dreyßigjährigen Krieges von kayserlichen Völkern wimmelte, beschlossen die Eidsgenossen im Jahre 1628. auf einer Tagsatzung einmüthiglich, die kriegenden Machten allenfahls mit gewafneter Hand von ihren Grenzen abzuhalten, und Gewalt mit Gewalt zu vertreiben. Solchemnach wurd im folgenden Jahre den kayserlichen Generalen der begehrte Durchzug abgeschlagen. Sie brachen aber durch einen andern Weg in Bündten ein, und eroberten die Päße, wodurch sie ihre Völker wider den neuen Herzog von Mantua, Carln von Nevers, in Italien führen konnten. Darbey blieb es, bis Frankreich im Jahre 1631. durch die Verträge zu Regensburg und Chierasco auswirkte, daß die Deutschen das Bündtnerland räumten.

XIII.

XIII.

Mittlerweile waren auch die übrigen Eidsgenossen nicht ohne Anfechtung und Sorgen. Als im Jahre 1629. der sieghafte Kayser das bekannte Gebot von Ersetzung und Wiedergebung der geistlichen Güter in Deutschland ausgehen ließ, vergaß der Bischoff von Basel nicht, sich dessenthalben auch bey der Stadt zu melden. Im Jahre 1630. hätte sich bald gar ein schweres Ungewitter über dem Vaterlande zusammengezogen, als diejenigen Orte, welche das Thurgau und Rheinthal gemeinschaftlich regieren, mit einander zerfielen. Die Catholischen begehrten, daß die reformirten Einwohner sich in Ehesachen dem Bischoffe zu Costnitz unterwerfen, und die Aebte von St. Gallen die Pfarreyen im Rheinthal nach Belieben zu vergeben berechtigt seyn sollten. Diesen Forderungen widersetzten sich die übrigen Orte, und man griff schon beyderseits zu den Waffen, als sich die unpartheyischen Orte noch eben recht in das Mittel schlugen, und im Jahre 1632. die ganze Sache durch Schiedsmänner beylegten.

XIV.

So glücklich dieser Streit ausgieng, so gefährliche Weitläuftigkeiten hätten zu gleicher Zeit

Zeit durch einen andern betrübten Zufall entstehen können, da nämlich fünf und siebenzig Zuzüger von Bern, welche den Mühlhausern waren zu Hülfe geschickt worden, von den solothurnischen Unterthanen bey der Clans mörderisch überfallen und niedergemacht wurden. Als die Berner hierüber Genugthuung forderten, und die übrigen Cantonen solche für höchstbillig erkannten, mußten endlich im folgenden Jahre die Schuldigsten am Leben gestrafet, und die Beleidigten dardurch befriedigt werden.

XV.

Alldieweil der dreyßigjährige Krieg in Deutschland wüthete, gab es in der Schweiz so wohl mit dem einten als dem andern kriegenden Theile verschiedenes zu schaffen. Im Jahre 1633. hielten die Schweden und ihre Verbundenen für rathsam, die Eidsgenossen zu ihrem Bunde einzuladen. Zu diesem Ende wurd der Graf von Pappenheim an solche abgeschickt, welcher aber mehr nicht auswirkte, als daß sie, wie bisher, weder der einten noch der andern Parthey behülflich seyn wollten. Bald hierauf bemächtigten sich die Schweden der vier Waldstädte am Rhein, wie sehr auch die Eidsgenossen angehalten, daß diese Grenzstädte nur mit ihren

ihren Völkern besetzt werden, und forthin von beyden Theilen unangefochten bleiben möchten.

XVI.

Zu eben dieser Zeit gedachten die Schweden Costnitz wegzunehmen. Der Graf Horn ließ deswegen seine Völker zu Stein im Zürchergebiete über die Rheinbrücke gehen, und rückte durch das Thurgau an die Stadt. Nicht nur aber mißlung ihm der Anschlag wider Costnitz, sondern es beschwerten sich auch die Eidsgenossen über deßen eigenmächtigen Durchzug. Obschon die Schweden die unumgängliche Nothwendigkeit vorschützten, fand ihre Entschuldigung dennoch nicht gleichen Eingang bey allen. Die Catholischen griffen sogar zu den Waffen, und droheten, sich mit den spanischen Völkern, welche aus Italien angezogen kamen, wider die Schweden zu vereinigen. Allein die Züricher widersetzten sich diesem Vorhaben aus allen Kräften, und mit solchen Gegendrohungen, daß das Kriegsfeuer zu keinem Ausbruche kommen dorfte. Horn selbsten führte auf Zureden des Herzogs von Rohan seine Völker wieder ab, und überließ die Stadt Costnitz den Eidsgenossen zu bewahren. Aber auch dieses wurd nach dem Abzuge der Schweden für unnöthig erachtet.

XVII.

XVII.

Kurz hierauf brachten der Herzog von Feria und der General Aldringer so viel deutsches und spanisches Volk in Schwaben zusammen, daß sie die Waldstädte wieder eroberten; bey diesem Anlasse zogen sie hart bey Basel vorbey, aber in solchem Mangel, daß sie bey der Stadt um einigen Mundvorrath anhalten mußten, welchen man ihnen doch sehr ungerne abfolgen ließ. Dieses mochte wohl die Ursache seyn, daß sie bey ihrem Durchzuge merklichen Schaden verursachten. Aber auch darmit brachten sie die reformirten Eidsgenossen auf, daß solche, um sie zu züchtigen, sich in starker Anzahl mit den Schweden vereinbaren wollten, und von ihrem Vorhaben, durch der Kayserlichen beweglichen Abbitte und Vorstellung dringender Noth, kümmerlich abzubringen waren.

XVIII.

Als im Jahre 1634. die catholischen und reformirten Eidsgenossen in einigem Mißtrauen stunden, erneuerten die erstern das, von ihren Vorfahren in den Jahren 1587. und 1604. aufgerichtete Bündniß mit Philipp IV. König in Spanien. Desgleichen thaten sie auch mit den Wallissern und mit dem Herzoge von Savoyen.

Savoyen. Hingegen wandten die Schweden alles an, die Reformirten in ihre Verbindung zu ziehen; aber vergeblich: weil diese alle Vorsicht brauchten, daß sie in keinen fremden Krieg verwickelt würden. Inzwischen hatten die Basler das Glück, sich zuweilen wider die benachbarten Oesterreicher, von welchen sie täglich geplagt waren, mit gewaffneter Hand selbsten Recht zu verschaffen, ja unter Anführung des Hauptmann Grassers einmal gar in Rheinfelden einzudringen, und die erlittenen Unbilligkeiten an den Urhebern zu rächen.

XIX.

Der König in Frankreich hatte einmal beschlossen, das Valtelin den Spaniern zu entreissen. Zu diesem Ende geschah der Feldzug im folgenden Jahre unter dem Herzoge von Rohan, welchen man mit seinem Volke den nächsten Weg durch die Schweiz nehmen ließ. Es kostete ihn zwar wenig Mühe, die den Bündtnern entzogenen Landschaften wieder zu erobern; der Krieg wurd aber desto hitziger, als sich die spanischen und österreichischen Völker von allen Enden her dahin zogen. Gleichwohl wurden die Franzosen ihrer Meister mit Hülfe der Eidsgenossen, welche sich durch die Drohungen

gen des Kaysers keinesweys schrecken liessen. Weil aber die Bündtner sehen mußten, daß die Franzosen das Valtelin für sich behalten, oder wenigstens nicht anderst, als mit schweren Bedingnissen abtreten wollten, wandten sie sich auf die andere Seite, daß sie endlich im Jahre 1637. mit Hülfe der Deutschen und Spanier zu dem Ihrigen gelangten.

XX.

Um diese Zeit rückte Herzog Bernhard von Sachsen-Weimar unangefragt in das Bistum Basel ein, und schlug darinnen sein Winterlager auf. Die Eidsgenossen, und sonderlich die Catholischen, waren sehr übel darauf zu sprechen, daß ein mit ihnen verbundener Fürst also gedrückt werden sollte. Jedoch wußte sie der Herzog durch eine eigene Gesandtschaft zu besänftigen. Als er sich nachgehends verstärket, bemächtigte er sich, obwohl mit grosser Mühe, der Waldstädte, eroberte auch durch den General Taupadel die Schanze bey Zünningen, welche der Herr von Erlach nach des Herzogs Tode, den Baslern zu Gefallen, schlaifen ließ, damit er solchen für all das Ungemach, welches sie aus dieser Festung, wie auch in dem Durchzuge der weimarischen Völker erlitten, einige Genugthuung verschaffete.

XXI.

XXI.

Die Streitigkeiten wegen des Valtelins, welche bey nahem zwanzig Jahre fortgedauert hatten, giengen erst im Jahre 1639. zu Ende. Denn da wurden die Bündtner, als dessen rechtmäßige Herren, in den ruhigen Besitz des Ihrigen gesetzt, nachdem sie dem König in Spanien den freyen Durchzug mit seinen Völkern zu allen Zeiten gewähret, zugleich auch das meiländische Capitulat von neuem angenommen hatten. In dieser Zeit giengen noch verschiedene Dinge vor, deren ordentliche Erzählung sich aber hieher nicht schicket. Darunter gehören die Schreiben der reformirten Kirchenvorsteher an die Engelländer, betreffend die Wiederherstellung des Friedens in dem britannischen Reiche; wie auch viele Bemühungen, welche auf die Sicherheit der Grafschaft Burgund, und des Bistums Basel, desgleichen auf den allgemeinen Ruhestand der Eidsgenossenschaft abzielten.

XXII.

Was sich aber im Jahre 1646. zutrug, schien unmöglich mit diesem Ruhestande zu bestehen. Denn der schwedische General Wrangel besetzte unversehens die Bergpässe, welche das

Schwei-

Schweizer- und Bündtnerland beschliessen, entschuldigte sich aber bey den Eidsgenossen durch Briefe, darinnen er ihnen von seiner Ankunft bey Bregenz Nachricht ertheilte, und zu ihrer Besänftigung die theure Versicherung gab, daß man von ihm und den Seinigen durchaus nichts wiedriges zu besorgen haben sollte. Zugleich verbot er seinen Leuten bey Lebensstrafe, den schweizerischen Boden irgends zu betreten.

XXIII.

Nichts desto weniger verursachte dieses Unternehmen grosse Bewegungen unter den Eidsgenossen. Sie hielten alsobald eine Tagleistung zu Zürich, und faßten den einmüthigen Entschluß, ihre Pässe mit den Waffen zu behaupten, stellten auch hierzu eine ansehnliche Mannschaft samt dem nöthigen Geschütze in das Feld; zückten aber das Schwert nicht alsogleich, sondern hielten durch ihre Abgeordneten eine Zusammenkunft zu Weil, und erkundigten sich vorher von dem schwedischen Generalen, wessen sie sich zu ihm zu versehen hätten. Da nun dieser beydes mündlich und schriftlich alle Freundschaft versprach, sich auch mit seinen Völkern wirklich von den Grenzen entfernte, liessen die Eidsgenossen die Ihrigen aus einander gehen.

XXIV.

XXIV.

Inzwischen hatte man zu Münster in Westphalen an einem allgemeinen Frieden zu arbeiten angefangen; da denn die Eidsgenossen den Bürgermeister von Basel, Johann Rudolf Wettstein, welcher ihr Bestes daselbst besorgen sollte, in ihrer aller Namen dahin abschickten. Dieser begehrte demnach, daß man die Rechtskriege, welche das speyerische Kammergericht den Eidsgenossen, und sonderlich den Baslern erregt hatte, einmal für allemal anheben, und sie sämtlich, als die von solcher Kammer keineswegs abhiengen, von dergleichen Anlastungen und Unfugen befreyen möchte. Er hatte darbey viele Schwürigkeiten zu überwinden. Weil ihn aber die französischen und schwedischen Gesandten unterstützten, so erklärte endlich der Kayser, mit einhelligem Rathe der gesamten Reichsstände, den 16. Mayen 1647. daß die Stadt Basel und übrige eidgenößische Cantonen in dem Besitze, oder gleich als in dem Besitze der vollkommnen Freyheit und Ausnahme von dem Reiche, auch keineswegs dessen Gerichten unterworfen seyn. Dieser Artickel wurd im folgenden Jahre dem Friedensschlusse einverleibet, und aller widrigen Bemü-

bung

VII. Hauptst. Geschichte.

hung und hartnäckigten Wiedersetzlichkeit des erzörnten Kammergerichtes ungeachtet, bestetiget. So viel vermochte die wachsame Treu und Klugheit dieses Manns, welcher die rechte Gelegenheit zu treffen wußte, sich durch seine Verdienste um das Vaterland unsterblich zu machen. (*)

(*) Der Ausdruck: Gleich als in dem Besitze: hat seinen Ursprung von dem Unterschied den die Rechtsgelehrten machen zwischen Sachen, die man mit Händen ergreifen, oder mit dem Leibe besitzen kann, wie ein Stück Guts oder ein Lande ꝛc.; und solchen, die man nicht also ergreifen kann, wie die Freyheit. Indessen wird allezeit ein wahrhafter und keinem Streite unterworfener Besitz verstanden. Die Handlungen des westphälischen Friedens si d deutlich und unwidersprechlich. Siehe den westphälischen Friedensschluß Art. VI. und Walotiechs Eidgenößische Bunds- und Staatshistorie, 2ter Theil Seite 159. und folg.

Achtes

Achtes Hauptstück.
Fortsetzung bis zu Ende des siebenzehnden Jahrhunderts.

I.

Im Jahre 1651. richteten die sechs catholischen Orte mit Herzog Carl Emanuel von Savoyen einen Bund auf, welcher nachgehends etliche mal bestetiget worden. Es wurden auch zwischen denen Cantonen, welche die gemeinschaftliche Regierung in dem Thurgau führen, einige Streitigkeiten in Richtigkeit gebracht. Darneben bearbeitete sich Ludwigs XIV. Königs von Frankreich Gesandter, um die Erneuerung des Bundes mit den Eidgenossen. Allein die Obrigkeiten verlangten, daß man vor allen Dingen sie und die Ihrigen um verschiedene Forderungen, die sie an Frankreich hatten, befriedigen möchte. Vergeblich aber begehrte man solches von einem Reiche, welches durch innerliche Unruhen zerrüttet war. Es wurd also mehr nicht ausgerichtet, als daß erstlich Solothurn, und dann nach und nach gleichfalls übrige catholische Cantonen den Bund eingiengen.

II.

Indem man mit diesen Handlungen beschäftigt war, erregten im Jahre 1653. die Unterthanen von Bern, Lucern, Basel und Solothurn einen Aufstand, unter dem Vorwande, daß sie beydes von den Landvögten, und von den Obrigkeiten in den Städten gar zu hart gedrängt würden. Den Anfang machten die Bauern im Lucernergebiete; Bald folgeten die übrigen, und alle suchten unter Anführung Claus Leuenbergers durch einen offenbaren Krieg die gänzliche Befreyung von aller obrigkeitlichen Gewalt zu erlangen. Als das Uebel immer weiters griff, und die Aufrührer weder die Befehle ihrer Vorgesetzten, noch die Vermittlungen der Gesandtschaften aus den übrigen Orten mehr anhören wollten, zogen endlich die Züricher mit den Ihrigen, desgleichen die Berner mit denen, welche noch treu verblieben waren, wider die Ungehorsamen zu Felde, und erschreckten sie durch einen und andern Scharmützel dergestalt, daß sie zum Kreutze kriechen, und demüthig um Gnade flehen mußten: Worauf die Rädelsführer am Leben, die übrigen aber sonsten nach Verdienste gestraft wurden.

III.

III.

Allhier verdienet angemerkt zu werden, daß in eben dem Jahre, da diese Empörung ausbrach, die reformirten Eidsgenossen an Engelland, wo damahls Cromwell regierte, und an die vereinigten Niederlande einen Gesandten abfertigten, welcher zwischen beyden Mächten einen Frieden vermitteln sollte. Diese Gesandtschaft, welche alle erwünschte Wirkung that, brachte den Urhebern nicht wenig Ehre. Denn in dem Vertrage, welcher durch solche Vermittlung zu Stande kam, wurd nicht nur derselben rühmliche Meldung gethan, sondern auch die reformirte Eidgenossenschaft mit beyderseitigem Willen eingeschlossen.

IV.

Ein anderer schwerer Streit entstund im Jahre 1655. als einige Haushaltungen in dem Canton Schweiz zu der reformirten Religion bekannten, und nach Zürich flüchteten, andere hingegen, welche im Verdachte eines gleichen Vorhabens waren, in Bande geschlagen wurden. Die Züricher nahmen sich ihrer Glaubensgenossen an, und begehrten, daß man der erstern zurückgelassene Güter ausliefern, den andern aber freyen Abzug samt dem Jhrigen erlau-

erlauben möchte. Die von Schwyz wollten weder das eine noch das andere geschehen lassen, und die Funken der Zwertracht wurden von des Papstes, wie auch der Könige von Frankreich und Spanien Gesandten immer ärger angeblasen, daß endlich selbige in volle Flammen ausschlugen. Die Reformirten beriefen ihre Völker aus Frankreich zurücke, und, weil sie solche nicht für zulänglich erachteten, wurden allbereits Engelland und Holland um Hülfe angesprochen. Nachdem beyderseits verschiedene Feindseligkeiten, und sonderlich das Treffen bey Vilmergen, und die Belagerung von Rappertsweil vorgefallen waren, wobey sich kein Theil grosser Vortheile zu rühmen hatte, wurd endlich zu Baden ein Friede gemacht, welchen nebst den unpartheyischen Cantonen auch der König in Frankreich beförderte, damit er nicht länger der eidsgenößischen Völker entbehren müßte.

V.

Als die Waldenser um diese Zeit eine harte Verfolgung erlitten, legten die reformirten Eidsgenossen bey dem König in Frankreich und dem Herzoge von Savoyen eine Fürbitte für dieselbigen ein, daß sie bis in das 1663ste Jahr einiger Ruhe

Ruhe genoſſen. Und als damahls die Verfolgung wieder angieng, ließ ſich der Herzog durch einen Geſandten der Eidsgenoſſen nochmahls zur Gelindigkeit bewegen.

VI.

In eben gedachtem Jahre erneuerten die Eidsgenoſſen den Bund mit Ludwig XIV. König in Frankreich, nachdem er ſich ſchon längſtens, vornehmlich aber ſeit 1657. alle erſinnliche Mühe darum gegeben hatte. Es ſchickten demnach die ſämtlichen Cantonen ihre Geſandten nacher Paris, um dorten in ihrem Namen den Bund zu beſchweren, und hinwieder von dem König beſchweren zu laſſen. Sonſten war der Bund auf eben die Bedinge, wie der vorige, geſchloſſen, und ſollte acht Jahre nach des Königs und des Delphins Tode fortwähren.

VII.

Im Jahre 1668. nahm dieſer König die ſpaniſche Grafſchaft Burgund in Beſitz, wobey die Eidsgenoſſen müßige Zuſchauer abgaben. Jedoch trat er ſelbige im Frieden zu Aachen wieder ab, und zwar, wie verlautete, meiſtens den Eidsgenoſſen zu Gefallen. Unterdeſſen ſuchte der Herzog von Savoyen ſeine alten

ten Ansprüche auf die Stadt Genf wieder hervor, mußte aber auf die Vorstellungen der eidgenößischen und französischen Gesandten nochmahls darvon abstehen.

VIII.

Im Jahre 1672. überfielen die Franzosen einsmals die vereinigten Niederlande, wie auch die Länder des Churfürsten von Brandenburg, welcher Zufall die Eidsgenossen in nicht geringe Unruhe sezte, und die verschiedentlich gesinnten Gemüther unter ihnen zu erkennen gab. Ihre in französischem Solde stehenden Regimenter legten zwar das Gewehr nieder, als man ihnen bey Keiserswert zumuthete, über den Rhein zu gehen, weil sie sich ein Gewissen machten, wider das Reich und die vereinigten Niederlande zu dienen; Sie verharreten auch auf ihrem Entschlusse, ungeachtet einige ihrer Obersten und Befehlshaber ihnen starck zuredeten, daß sie sich nach dem Willen des Königs bequemen möchten; bis sie endlich von den französischen Völkern umringt, und durch die augenscheinliche Todesgefahr darzu gezwungen wurden; wodurch sie sich nichts desto weniger viele Beschuldigungen zuzogen.

IX.

IX.

Es liessen hierauf der Kayser und gedachter Churfürst von Brandenburg die Eidsgenossen durch eine Gesandtschaft ersuchen, dem zwischen ihnen beyden geschlossenen Bunde beyzutreten, und ihre Leute nicht mehr wider das Reich dienen zu lassen. Es blieb aber dieser Antrag ohne Wirkung, theils weil der kayserliche Gesandte, welcher die Sache mit dem Brandenburgischen gemeinschaftlich betrieben, und sonderlich die catholischen Orte gewinnen sollte, nicht erschien; theils auch, weil kein Geld vorhanden war, und die Eidsgenossen keinem fremden Fürsten auf eigene Kosten Hülfe zu schicken pflegen. Inzwischen bedaureten die Eidsgenossen, daß ihre Leute wider solche Staaten, die in dem französischen Bunde vorbehalten wären, Dienste thun mußten; beriefen auch deswegen selbige, jedoch ohne Standhaftigkeit, zurücke.

X.

Im Jahre 1674. machte sich der König von Frankreich nochmahls von der Grafschaft Burgund Meister, des Vorsatzes, darvon Meister zu bleiben, was auch die Eidsgenossen durch ihre Gesandtschaft darwider einwenden moch-

mochten, denen man noch darzu grosse Schuld aufbürden wollte. Die wider Frankreich verbundenen Mächten, welche ihr Winterlager in dem Elsaß aufzuschlagen Sinnes waren, veranlaßten die Eidsgenossen, die Städte Basel und Mühlhausen mit Besatzungen zu versehen. Um solchen aber allen Argwohn zu benehmen, liessen die Churfürsten von Brandenburg und der Pfalz, wie auch Georg Wilhelm, Herzog von Lüneburg, durch ihren Gesandten, Thomas Knesebeck, die Versicherung geben, daß man die schweizerischen Grenzen im geringsten nicht beunruhigen würde. Dargegen begehrten sie, daß man auch mit ihnen, als Freunde, handeln, und ihren Feinden keine Werbung gestatten möchte. Weil sich ferners ein Gerüchte ausgebreitet hatte, als ob der König von Frankreich bey den Eidsgenossen so lange anliegen würde, bis sie Elsaß in ihren Schutz nähmen, so trachteten zugleich die Verbundenen, solches in Zeiten zu verhindern.

XI.

Im Jahre 1677. hätte man gerne die Waldstädte dem Schutze der Eidsgenossen anvertrauet, konnte aber über die Bedingnisse

mit

mit ihnen nicht einig werden, und handelte so lange, bis die Franzosen Rheinfelden, obwohl mit schlechtem Erfolge, belagerten. In dem 1679ten und folgenden Jahren wurd die Festung Hünningen erbauet, wozu die Franzosen schon längsten die Gelegenheit ausersehen hatten. Die Eidsgenossen, und sonderlich die Basler, arbeiteten mit Händen und Füssen darwider: Man stellte fleißig Tagsatzungen an; schrieb nachdrücklich an den König, und konnte sich nicht einbilden, daß man eine solche Festung an den Grenzen leiden würde. Eben so unerträglich war sie den Deutschen, und täglich trieb und mahnte der Kayser die Eidsgenossen, sich diesem Festungsbau standhaft zu widersetzen. Nachdem man aber alles, was nur ohne Krieg geschehen konnte, angewandt, und dennoch nichts ausgerichtet, mußten auch die Deutschen geschehen lassen, daß die Franzosen ihr angefangenes Werk vollführten.

XII.

Im Jahre 1681. bemächtigte sich der König von Frankreich ohne Schwertstreich der Stadt Straßburg, welche kurz zuvor die eidsgenößische Besatzung nach Hause geschickt hatte. Er kam selbsten in die Nachbarschaft, und

und wurd von den Eidsgenoſſen durch Geſandte bewillkommet. Zu dieſer Zeit brauchte es viele Mühe, die unter den Glarnern entſtandenen Streitigkeiten beyzulegen, und hatte man bis ins Jahr 1684. genug zu thun, daß der Friede nur einiger maſſen hergeſtellt würde. Zwey Jahre darauf ſchickten die reformirten Cantonen eine Geſandtſchaft an den König in Frankreich, welche zum Veſten der Stadt Genf um Aufhebung gewiſſer Beſchwerden anhalten mußte, aber unverrichteter Sache wieder zurück kam.

XIII.

Nicht glücklicher war die Geſandtſchaft, welche bey dem Herzoge von Savoyen eine Fürbitte für die Waldenſer einlegen ſollte. Gleichwohl kehrten dieſe Leute im Jahre 1686. wiederum in ihr Vaterland, aus welchem ſie waren vertrieben worden. Als nach dieſem ein neuer Krieg zwiſchen Frankreich und Deutſchland entſtund, wurden die Handlungen wegen der Waldſtädte wiederum eiferig vorgenommen, und beſetzten die Eidsgenoſſen ihre Päſſe, damit kein feindliches Kriegsvolk ihre Grenzen betreten möchte. Im Jahre 1689. arbeitete man an einem Vertrage mit König Wilhelm III.

von Großbritannien, Kraft dessen die reformirten Eidgenossen etliche tausend Mann zu seinen Diensten stellen sollten. Es wurd aber nichts ausgemacht. Im Jahre 1691. herrscheten zu Zürich, Basel und Schaffhausen bürgerliche Unruhen. Im Jahre 1697. wurden die Eidgenossen dem ryßwickischen Frieden mit beyder schliessenden Theile Bewilligung einverleibet. (*)

XIV.

Zu Ende des siebenzehnden Jahrhunderts nahm der Streit wegen des Fürstenthums Neuenburg, und der damit verknüpften Herrschaften, seinen Anfang. Denn, weil aus dem Hause Longueville, welches diese Länder schon lange besessen hatte, kein männlicher Erbe mehr vorhanden war, so erhielt die verwittwete Herzogin von Nemurs das Fürstenthum mit Einwilligung der Stände. Der Prinz von Conti behauptete dargegen,

daß

(*) Man weißt nicht, ob durch Versehen des Uebersetzers oder des Druckers in der vorigen Ausgabe Bern anstatt Basel ist gesetzt worden, da doch in dem lateinischen Wörtlein nicht das erstere, sondern das letztere stehet.

daß es vermöge des Testaments des letzten Herzogs von Longueville ihm zugehörte. Das Parlament zu Paris hatte es auch aus anmaßlicher Gewalt dem Prinzen wirklich zugesprochen. Allein die Stände blieben bey ihrem einmal gefaßten Schlusse.

Neuntes Hauptstück.
Von einigen Begebenheiten des achtzehnden Jahrhunderts.

I.

Es hatten die Gesandten von Frankreich und Großbrittannien schon im Jahre 1700. den bekannten Theilungsvertrag, welchen ihre Könige wegen der spanischen Länder unter sich geschlossen hatten, auch den Eidsgenossen mitgetheilet, nebst dem Ersuchen, daß sie nach dem Exempel anderer die Gewährleistung desselben bey Carls II. erfolgendem Tode über sich nehmen möchten. Allein die Eidsgenossen wollten sich durchaus nicht in dieses Geschäfte mischen. Der Ausgang des, wegen der spanischen Erbfolge, geführten Krieges erwies auch genugsam, daß die Eidsgenossen, welche sich, aller Versuchungen ungeachtet, in selbigen niemahls einlassen lassen, wohl die Vorsichtigsten gewesen.

II.

II.

Gleichwohl nahmen einige Cantonen, auf Anhalten des Kaysers, die Waldstädte in ihren Schutz. Andere erneuerten das meiländische Capitulat mit Philipp V. und erkannten ihn also für einen König in Spanien, welche Uebereilung sie nachgehends nicht wenig gereuet. Im Jahre 1702. da die Friedlingerschlacht vorgieng, besetzten die Basler Stadt und Grenzen mit ihren und ihrer Bundsgenossen Völkern.

III.

In eben diesem Jahre näherte sich der bayerische General Graf von Arko, in der Hoffnung, wie es schien, Waldshut wegzunehmen. Die Eidsgenossen aber, welche für die Sicherheit ihrer Grenzen sorgten, und die Waldstädte besetzt hielten, ließen dem Grafen andeuten, daß, wenn er nicht von seinem Vorhaben abstünde, sie ihn mit den Waffen darzu nöthigen würden. Demnach ließ er die Waldstädte mit Frieden. Gleichermassen hätte der Herzog von Savoyen, sein Land dieses Namens gerne dem Schutze der Eidsgenossen übergeben, als sich die Franzosen schon eines grossen Theils davon bemeistert hatten; Es waren

ren auch selbige willig genug darzu gewesen, wenn sich der König von Frankreich nicht durch seinen Gesandten darwider gesetzt hätte.

IV.

Im Jahre 1704. verlangte der französische Marschall Tallard einen freyen Durchzug durch das Baslergebiete, und erhielt eine abschlägige Antwort. Man besorgte demnach, er würde mit Gewalt durchbrechen wollen, und ließ stürmen. Allein derselbe nahm nichts feindliches vor, sondern öfnete sich zu seinem Unglücke einen andern Weg in Deutschland, indem er bey Höchstätt Volk, Freyheit, und eine gewaltige Schlacht wider die verbundenen Mächten verlohr, also daß sein König die Eidsgenossen um ihre Friedensvermittlung ersuchte, von solchen aber den Bescheid empfieng, daß sie sich fremder Händel nicht annehmen könnten.

V.

Im Jahre 1705. entstunden zwischen dem Bischoffe von Basel und den Bernern wegen der Münsterthaler einige Streitigkeiten, welche aber zu Nidau, gleichwie auch sechs Jahre hernach andere zu Aarberg, beygelegt wurden. Inzwischen behaupteten die Neuenburger gleichfalls mit der Berner Hülfe ihre Rechte und Freyheiten wider Frankreich, welches um so viel eher angieng, weil zugleich König Wilhelm III. als Fürst von Oranien, sein Erbrecht auf Neuenburg gelten machte. Nach dessen im Jahre 1702. erfolgtem Tode fiel solches Recht auf den König in Preussen, welchen auch die Stände von Neuenburg, bey der Herzogin von Nemurs Absterben, im Jahre 1707. ohne Anstand für ihren rechtmäßigen Herrn erkannten.

VI.

Die Eidsgenossenschaft, und sonderlich Basel, gerieth in eine andere Gefahr im Jahre 1709., da nämlich der deutsche General Mercy mit etlichen Tausenden durch das Baslergebiet unversehens in das Elsaß einbrach, und aber von den Franzosen ohne grosse Mühe zurückgeschlagen wurd. Diesen Einfall wollten die Sieger an der unschuldigen Stadt Basel alsobald gerochen wissen. Man fand zwar Mittel, das Ungewitter für diesmal abzuwenden, konnte aber nicht hindern, daß die Bürger nicht zum öftern hernach darum angefochten wurden.

VII.

Zugleich verursachte der maßnerische Handel grosse Unruhen im Bündtnerlande. Weil

Thomas

Thomas Maßner von Cur, welcher vieles bey seinen Landsleuten vermochte, den Absichten der Franzosen in allem gar zu hitzig widerstrebte, liessen solche zur Vergeltung dessen Sohn auf savoyischem Boden aufheben, und in Verwahrung bringen. Dargegen nahm der ergrimmte Vater einen Bürger von Neuenburg, welcher die Geschäfte des französischen Gesandten besorgte, mit bewaffneter Hand hinweg, stellte ihn aber wieder auf freyen Fuß, und verstund sich zu einer Abbitte bey dem Gesandten, als ihm dieser zur Befreyung seines Sohns Hoffnung machte. Allein Maßner wartete vergeblich auf die Erfüllung des gethanen Versprechens; wessentwegen er im Wintermonat des 1710ten Jahres einen vornehmen Franzosen, welcher von Venedig nach Solothurn reisen wollte, auf der Strasse anpackte, und gefangen nach Feldkirch führte.

VIII.

Demnach klagte der französische Gesandte noch härter wider Maßnern, welchem aber der kayserliche und großbritannische Gesandte das Wort redten. Es wurd ihm zwar von seiner Obrigkeit im Jahre 1711. auferlegt, seinen Gefangenen frey zu geben. Er aber widersetzte sich

sich mit solcher Hartnäckigkeit, daß er darüber so wohl sein Vaterland, als auch andere Länder der Eidsgenossenschaft meiden mußte; wozu noch kam, daß ihm die Bündtner in seiner Flucht wegen verschiedener Verbrechen gar Ehre, Gut und Leben absprachen. Bey diesem Urtheile hatte es sein Verbleiben, und der junge Maßner mußte noch länger im Gefängniß sitzen, ungeachtet der französische und nach Feldkirch entführte französische Großprior in Freyheit war.

IX.

Ehe noch der Friede zwischen Frankreich und dessen Feinden richtig wurd, entbrannte in der Eidsgenossenschaft ein innerlicher Krieg aus folgendem Anlasse: Es beschwerten sich die Toggenburger, daß durch die Aebte von St. Gallen seit einiger Zeit gar zu grosse Eingriffe in ihre Freyheiten geschähen, und daß insonderheit der Abt Leodegarius seit dem Anfange des laufenden Jahrhunderts solche Dinge unternähme, welche unmöglich zu leiden wären. Die von Schweiz und Glarus nahmen sich zwar anfänglich ihrer Schutzverwandten an; der Eifer dauerte aber nicht lange; und mußten sich die Toggenburger nach weiterer Hülfe umsehen.

X.

X.

Solche nahmen derowegen ihre Zuflucht zu denen von Zürich und Bern, welche durch ihre Gesandten den Abten auf bessere Gedanken zu bringen suchten, bey ihm aber alle Mühe verlohren. Hierauf kehrten sich die Gesandten zu den Toggenburgern, bey welchen sie die Beschwehrden aus dem Grunde untersuchten und abzuthun trachteten. Der Abt hingegen gieng darauf um, wie er eine Trennung unter den Toggenburgern selbsten und unter den Cantonen anrichten möchte; Zu diesem Ende schrie und klagte er, daß es um die Ehre und Erhaltung der catholischen Religion zu thun wäre. Bald auch pochte er darauf, daß er, als ein Fürst des H. R. Reichs, welcher von solchem die Grafschaft Toggenburg zu Lehn trüge, niemanden, als dem Kayser, Rechnung zu geben hätte. Also blieb die Sache eine Weile hangen, und hatte inzwischen kein Theil weder Krieg noch Frieden.

XI.

Als aber der Abt im Jahre 1712. die Toggenburger wirklich mit den Waffen seines Gefallens zwingen wollte, so war dies ein Sturmzeichen für die von Zürich und Bern, daß sie auf einmal auch mit ihren Völkern im Felde erschienen. Und weil die fünf catholischen Cantonen des Abts Parthey ergriffen, so schickte sich alles zu einem blutigen Kriege. Nachdem man aber einander in zwo Schlachten ermüdet, und die Reformirten einen theuren Sieg erfochten, bequemten sich die Eidsgenossen zu einem Frieden, in welchem sie die Freyheiten der Toggenburger bestetigten. Man fieng zwar im Jahre 1714. auch mit dem Abte an wegen des Friedens zu handeln, konnte aber solchen erst vier Jahre darauf in Richtigkeit bringen.

XII.

In eben gedachtem 1714ten Jahre legten zu Baden des Kaysers und des Königs in Frankreich oberste Feldherren und Generalen die letzte Hand an das Friedenswerk, wodurch der langwürige, wegen der spanischen Erbfolge geführte Krieg seine Endschaft erreichte. Unter andern Articeln wurd sonderlich bedungen, daß auch die Eidsgenossen in dem Frieden sollten begriffen seyn.

XIII.

Das 1715te Jahr ist merkwürdig wegen des Bundes, welchen die catholischen Orte mit Frankreich aufrichteten, und den 9ten Mayen

zu

zu Solothurn durch ihre Gesandten förmlich beschweren liessen. Ungeachtet man bey den Reformirten öfters angesetzt hatte, daß sie dem Bunde beytreten möchten, konnten sie dennoch auf keine Weise darzu gebracht werden. Man urtheilete sehr ungleich von diesem Bündniß, und dorfte gar hin und wieder vorgeben, es wären selbigem gewisse heimliche, und den Reformirten nachtheilige Artikel eingerückt worden. Es scheinet aber, daß man mit dergleichen Erfindungen nur das gemeine Volk erschrecken, oder in Harnisch bringen wollen.

XIV.

In den nächstfolgenden Jahren arbeitete man mit vielem Eifer an einem beständigen Frieden mit dem Abte von St. Gallen; zu dessen Bewirkung verschiedene Zusammenkünfte angestellt wurden, welchen im Jahre 1717. auch ein Gesandter von Kayser Carl VI. beywohnte. Aber alle diese Bemühungen waren vergeblich, so lange Leodegarius lebte. Nach dessen Tode gieng die Sache besser von statten, indem sein Nachfolger Joseph nicht ruhete, bis den 15ten Brachmonats ein Friede zum Schlusse kam, vermöge dessen alle Streitigkeiten beygelegt, und dem Fürsten die weggenommenen Länder wieder eingeräumt wurden.

XV.

Kurz zuvor waren die Bürger von Neustadt über die Gerechtsamkeiten der Berner und des Bischoffs von Basel unter einander mißhellig worden. Es wurd aber alles in der Güte geschlichtet, und einem jeden Theile seine Rechte vorbehalten. Weit länger dauerte der Streit der Schaffhauser mit ihren Unterthanen, die ihrer Obrigkeit bis ins Jahr 1728. zu schaffen machten. Eben solche Schwürigkeiten hatten auch die Glarner zu überwinden, als welche ihre widerspänstigen Unterthanen mit den Waffen zwingen mußten.

XVI.

Im Jahre 1725. erhub sich ein wichtiger Streit in Lucern wegen der obrigkeitlichen Gewalt über die Geistlichkeit. Denn es übte die Obrigkeit dies Recht an einem Pfarrer aus, welchen sie des Landes verwiesen, weil er sich ihren Befehlen widersetzt hatte: Da hingegen der päpstliche Gesandte daselbst, wie auch der Bischoff von Costnitz, unter dessen geistlicher Gerichtsbarkeit die Stadt eigentlich stehet, sich des Rechts alleine anmasseten, in dergleichen Fällen zu sprechen. Nach langem Schrift- und Wortwechsel wurd endlich die Sache im

Jahre

Jahre 1731. vertragen, und die Ruhe wieder hergestellt.

XVII.

Desgleichen geriethen die Zuger über verschiedene Dinge in Mißverständuiß unter einander, wozu sie insonderheit durch den unlängst geschlossenen französischen Bund veranlaßt wurden. Die Sache kam endlich so weit, daß sie solchen im Jahre 1733. aufgaben, und an keinen Artickel desselben mehr gehalten seyn wollten. In eben diesem Jahre wurden auch unterschiedliche Streitigkeiten unter den Appenzellern beygelegt.

XVIII.

Als Kayser Carl VI. und Ludwig XV. König in Frankreich, einander wegen der Reichsfolge in Pohlen bekriegten, gab es deshalben auch bey den Eidsgenossen verschiedenes zu thun. Sie nahmen die vorderösterreichischen Länder in Schutz; besetzten die Waldstädte; überliessen einige Völker an Sardinien; liessen zu Ergänzung ihrer Regimenter von Franzosen und Spaniern werben; und legten eine Besatzung in Basel, so lange die Völker der kriegenden Machten in der Nachbarschaft stunden.

XIX.

XIX.

Die Zwentracht, die in diesem Jahrhundert allenthalben um sich griff, hätte bald auch in Genf, da die Obrigkeit und Bür- mit einander kämpften, eine greuliche Zerrüttung angerichtet. Diese Unruhen schienen zwar im Jahre 1734. durch eine Gesandtschaft von Zürich und Bern gestillet zu seyn. Nach drey Jahren aber kam es gar zu einem Aufstande, daß neben den Gesandten aus erstgedachten Cantonen auch der Marquis von Lautreck im Namen des Königs von Frankreich dahin geschickt werden mußte, welcher dann mit solchem Nachdruck mitteln half, daß im Jahre 1738. die Versöhnung der streitigen Theile erfolgte.

XX.

Es ist auch nicht zu vergessen, wie sauer es dem Bischoffe von Basel geworden, seine Unterthanen, die alle Ehrfurcht für ihren Landesherrn aus den Augen gesetzt hatten, zum Gehorsam zu bringen. Es wurd in dieser Sache seit dem Jahre 1732. beyderseits viel gestritten und gemittelt. Der kayserliche Gesandte arbeitete vergeblich an einem Vergleiche, und die Eidsgenossen wollten überall nicht darbey seyn;

So

So daß endlich der Fürst auf gewisse Bedinge Frankreichs Hülfe annahm, vermittelst deren er im Jahre 1740. die Aufrührer unter den ? brachte.

XXI.

Mittlerweile wurden die Basler aus einer an sich selbst geringen Ursache in einen heftigen Streit mit Frankreich verwickelt, da nämlich beyderseitige Unterthanen über dem Salmenfange allzu hitzig an einander gerathen waren. Die Franzosen verschlossen im Jahre 1736. der Stadt alle Zufuhr, erlaubten den Ihrigen keine Gemeinschaft mit derselbigen, und führten die Bürger, welche den Fuß über die Grenzen setzten, gefangen hinweg. Als aber der Hof so wohl durch die Folge der Zeit, als auch durch statthafte Beweisthümer von ansehnlichen Zeugen, die wahren Umstände des ganzen Verlaufs erfahren, wurd die Stadt von aller Beschuldigung befreyet, und Handel und Wandel wiederum eröfnet.

XXII.

Als nach dem Absterben Kayser Carls VI. welches im Jahr 1740. erfolgte, aus Anlasse der Erbfolge in den österreichischen Staaten ein weitläuftiger Krieg in Deutschland und Italien entbrann-

entbrannte, hatten die Eidsgenossen auf allen Seiten genug zu wehren. Die Spanier, welche sich in Savoyen eingenistet hatten, wären gar zu gerne durch das Wallisserland in das Herzogthum Meiland eingebrochen. Sie scheuten aber die Berner, die ihnen alle Wege verlegten; derowegen sie im Jahre 1743. einen andern Durchgang suchten, wo sie sich aber nur die Köpfe zerstiessen.

XXIII.

Nicht minder mußten zu gleicher Zeit auch die Basler auf ihrer Hut stehen, weil man nicht ohne Ursache besorgte, es möchte der Prinz Carl von Lothringen, welcher die aus Böhmen und Deutschland zurückgehende Franzosen bis an den Rhein verfolgte, die grosse Mühe über diesen Strom zu setzen erspahren, und mit seinen Völkern über den schweizerischen Boden in Frankreich einzubrechen suchen. Es beschlossen die Eidsgenossen derowegen einmüthiglich ihrerseits nichts geschehen zu lassen, worüber sich der einte oder der andere kriegende Theil rechtmäßiger Weise beschweren könnte. Demnach schickten verschiedene Cantonen ihre Zuzüger nach Basel, mit welchen man die Stadt und Landwehren besetzte.

XXIV.

XXIV.

Desgleichen verlangte und erhielt auch Mühlhausen eine Besatzung von Zürichern und Bernern. So bald aber die nahe gestandenen Völker in die Winterquartiere verlegt wurden, zogen so wohl die eidsgenößischen Gesandten, welche mit den Baslern und Mühlhausern für die Sicherheit des Vaterlands gesorgt hatten, als auch die Zusätzer wieder nach Hause.

Zehntes Hauptstück.
Fortsetzung von 1744. bis 1768.

I.

Da der im Jahr 1740. angegangene Krieg zwischen dem Hause Oesterreich und seinen Feinden noch immer fortgeführt wurd; auch die königliche Armee wirklich über den Rhein gegangen, und im Elsaß eingefallen war, bemüheten sich die Eidsgenossen immerfort, die Neutralität auf das genaueste zu beobachten. Ob schon auch von Seiten Oesterreichs einige Klagen geführt wurden, insonderheit weil die Anwerbung der verlangten Regimenter abgeschlagen, hingegen die in französischen Diensten stehende Völker von ihren Befehlshabern zum Angriffe

griffe der vorderösterreichischen Landen gebraucht wurden; so verantworteten sich doch die Eidsgenossen so gründlich, so wohl auf den Tagsatzungen im Jahr 1744. und 1745. als durch Schreiben, daß man damit zufrieden seyn konnte.

II.

Auch in den folgenden Jahren währten dergleichen Geschäfte immerfort. Frankreich bekam ebenfalls einigen Unwillen über die Eidsgenossen, weil die protestierenden Cantonen der Republik Holland erlaubten, zu ihrer Beschützung eine starke Anzahl Kriegsvolk in ihren Landschaften anzuwerben. Frankreich vermeynte, dieses gereiche zu seinem Nachtheile; ließ sich aber dennoch auf andere Gedanken bringen.

III.

Indessen kam ein allgemeiner Friedensschluß unter den kriegenden Mächten zu Stande, und wurd den 18. Weinmonats im Jahr 1748. zu Aachen unterzeichnet. Hierdurch kam Europa wieder zur Ruhe. In der Schweiz aber wollten sich einige innerliche Unruhen erheben, denen aber doch in Zeiten glücklich gesteuert worden.

IV.

IV.

Zuerst ward etwas über den Aufenthalt des sogenannten Englischen Prätendenten, welchen er in der Schweitz zu Freyburg nehmen sollte, gestritten. Nachgehends entstund in Bern die Meuterey einiger mißvergnügten Bürger, welche die Einrichtung des gemeinen Wesens, und insonderheit die gewöhnliche Aemterbesetzung abzuändern suchten, nicht ohne augenscheinliche Gefahr, ein greuliches Blutbad anzurichten. Da aber die Sach in Zeiten entdeckt worden, mußten es einige der Rädelsführer mit dem Kopf bezahlen. Andere wurden sonst gestraft, oder des Lands verwiesen.

V.

In dem Jahr 1755. empörten sich die Unterthanen des Cantons Uri im Levinerthale. Weil die Obrigkeit eine gewisse Verordnung wegen Versorgung der Waysen gemacht hatte, die den Unterthanen nicht gefällig war, thaten sie nicht nur Vorstellungen dagegen; sondern ergriffen die Waffen. Sie wurden aber durch den schleunigen Anzug der Urnerischen und anderer schweizerischen Völker in solchen Schrecken gesetzt, daß sie ungesäumt um Gnade baten. Worauf einige der vornehmsten Aufrührer am Leben gestraft, und die Sachen beygelegt wurden.

VI.

Gleichwie die Streitigkeiten der Landleuten im Toggenburg mit dem Abte von St. Gallen schon öfters vieles Aufsehen gemacht hatten; also geschah es auch jetzund. Daher in vorgemeldtem Jahre die Stände Zürich und Bern ihre Vermittlung anwenden, und die Sache beylegen mußten. Allein die Landleute waren mit diesem Verglich nicht zufrieden: Daher im Jahr 1759. die noch übrige Schwierigkeiten vollends aus dem Wege geräumt, und beyde Theile befriediget wurden.

VII.

Indessen war im Augstmonate des Jahrs 1756. ein neuer und sehr heftiger Krieg in Deutschland ausgebrochen. Der König von Preussen war, einem vermutheten Ueberfall vorzukommen, mit seinen Armeen in Sachsen und Schlesien eingerückt. Hierauf wurden ihm nicht nur deutsche und ungarische, sondern auch französische und rußische Kriegsvölker

völker, folglich auch die in französischen Diensten befindliche Schweizer entgegen gesetzt. Mit allen hat er sich mit wunderbarer Klugheit und Dapferkeit herumgeschlagen, bis im Jahr 1763. wiederum ein demselben anständiger Friede erfolget ist. Weil diese Kriegsflamme entfernet blieb, hatte die Eidsgenossenschaft davon keine Gefahr zu besorgen.

VIII.

Die jüngsthin entstandene neue Unruhen in Genf und Neuenburg, sind in jedermanns frischem Angedenken. Jene wurde durch Bemühung der hohen Mediatoren und der Bürger kluge Mäßigung friedlich beygelegt. Diese aber hatte, wegen von den Einwohnern gebrauchter Gewaltthätigkeit schlimmere Folgen, also das die Stadt Neuenburg im Mayen dieses 1768ten Jahrs mit einigen Trouppen von Bern, Lucern, Freyburg und Solothurn mußte besetzet werden.

ENDE.

www.ingramcontent.com/pod-product-compliance
Lightning Source LLC
Chambersburg PA
CBHW020115170426
43199CB00009B/543